中国电视法治公共领域的建构与演变

以央视涉法传播实践为例

袁 侃 著

图书在版编目（CIP）数据

中国电视法治公共领域的建构与演变：以央视涉法传播实践为例 / 袁侃著. -- 宁波：宁波出版社，2019.11
 ISBN 978-7-5526-3647-5

Ⅰ.①中… Ⅱ.①袁… Ⅲ.①法治—电视节目—研究—中国 Ⅳ.①G229.2

中国版本图书馆CIP数据核字（2019）第201493号

中国电视法治公共领域的建构与演变
以央视涉法传播实践为例　　　　　　　袁侃　著

责任编辑	邬力久　江一常
责任校对	谢路漫　李　强
封面设计	金字斋
出版发行	宁波出版社
地址邮编	宁波市甬江大道1号宁波书城8号楼6楼　315040
印　　刷	宁波白云印刷有限公司
开　　本	787毫米×1092毫米　1/16
印　　张	12
字　　数	180千
版　　次	2019年11月第1版
印　　次	2019年11月第1次印刷
标准书号	ISBN 978-7-5526-3647-5
定　　价	59.00元

如发现缺页或倒装，影响阅读，请与出版社联系调换电话：0574—87248279

序

公共话语空间这一概念来源于德国哲学家、社会学家哈贝马斯的公共领域理论（public sphere theory）。公共领域，也被译作"公共空间"，它是"我们社会生活中的一个领域，原则上对所有人开放"；它介于国家与社会之间，发挥一种调节性的作用。在公共领域中，人们以私人的形式聚在一起形成公共意见的载体——公众，并在理性辩论的基础上就普遍利益问题达成共识，形成公共意见。公共性是公共领域最重要的原则，"这一原则一度是在与君王的秘密政治的斗争中获得的，自那以后，这种公共性使得公众能对国家活动实施民主控制"。

大众传媒在现代社会中的地位与日俱增，公众对它的期盼之一就是它的公共性。媒介的公共性与公民的知情权、社会沟通的基本方式，以及政治运作的基本方式密切相关，这也要求大众媒介必须依照公共领域的规范要求而开展其实践。电视作为重要的大众媒介之一，为我国公众构建了一个开放性的公共话语空间，在这个空间中，公众就各类公共事务、社会问题聚集在一起，依据平等、自由、公共、理性等基本原则，通过电视特有的话语表达方式，进行多元化的观点表达和意见讨论，最终形成公共舆论。尤其是改革开放以来，与法治相关的公共话题讨论成为我国广播电视媒体所构建的公共领域里的一类典型内容，各类法制节目如雨后春笋般出现，公众对广播电视中的法治类公共话题的关注度也与日俱增，展现了广播电视在涉法传播实践、塑造法治公共话语，以及建构法治公共空间等方面的强大力量。

袁侃的博士毕业论文《中国电视法治公共领域的建构与演变——以央视涉法传播实践为例》将中国电视涉法传播视为我国大众媒体在公共领域

建构方面的一种特殊实践形式，突破了以往中国电视涉法传播中常见的个案式节目形态研究和"普法"话语框架所主导的研究模式，探索性地思考并回答了中国电视法治公共领域的内涵、结构、建构前提与发展衡量标准等基本问题，并在此基础上进一步发掘了中国电视涉法传播实践背后更加深层次的法治公共领域建构的意义和价值，具有较强的理论创新性和实践指导意义。研究者认为，在中国这一特定的空间语境下，由电视所提供的一个开放性公共话语空间。在这个空间里，社会广大成员就法治相关的公共事务聚集在一起，依据平等、自由、公共、理性等基本原则，按照电视特有的话语表达方式，进行多元化的观点表达和意见讨论，形成法治公共舆论，并作用于公共权力在法治的轨道上对公共利益的管理。

  通读了这本著作，我认为这一研究至少在以下两个方面具有一定的创新性和较强的理论价值。首先，研究者通过扎实的调研和严谨的考证，首次为我国电视涉法传播实践进行了历史阶段的划分，并总结出了不同时期的公共话语模式。研究者认为，央视自1980年"林彪、江青反革命集团案"庭审直播开辟了中国电视法治公共领域以来，其在社会发展、法治建设和电视变革三大因素的推动之下，主要经历了以间接对话空间为主导的开创期，以直接对话空间为主导的扩张期和以融合对话空间为主导的再造期，在这个过程中，央视的涉法传播实践也通过不断探索和尝试分别产生了"记录体""说法体"和"沟通体"三种截然不同又紧密联系的话语模式，我国电视法治公共领域的功能也随之不断完善。其次，研究者在考察我国电视法治公共领域建构的过程中进一步指出了当前所存在的问题和未来的解决路径。研究者认为，由于技术、认知、经济等多重因素的影响，中国电视法治公共领域依然远未达到成熟的发展状态，例如媒介格局变迁下的"整体失落"，空间层次的结构性失衡，话语表达方式的日渐僵化，公共领域功能的错位与异化等。这些问题集中反映了当前我国法治电视公共领域的结构性的缺陷，研究者认为如果要解决上述问题则必须多措并举，同时从生态重建、认知重构、空间重组、手段重整四个方面予以系统解决。这一研究钩沉历史，关注当下，为我国电视媒体涉法传播的未来发展注入了新的理念，也提示了新的变革操作路径，具有极强的现实针对性。

袁侃随我攻读了硕士与博士，此书以他的博士论文为基础，几次修改后终于成稿，可以更好地让更多的人分享袁侃博士的研究成果，是一件令人高兴的事情。在珞珈读书的岁月里，他勤于思考，笔耕不辍，具备了相对扎实的理论基础和较强的研究能力。在广电行业工作多年，他以研究者的思维潜心观察，以实践者的身份亲身参与，积累了大量的一手资料，也撞击出更多的思想火花。2015年他报考了我的博士研究生，当时他就提出以电视法治公共领域的演变为主题撰写博士论文的想法，我认为这一想法具有开创性的价值，便给予了他充分的肯定和支持。三年时间里，他就此书的写作与我进行了密切地交流与沟通，在写作本书的过程中，也碰到了各种问题，但都得到了比较好的解决。现在看到此书即将付梓，并达到了一定的学术高度，我深感欣慰，也相信这一成果的出版与这些年他的努力是分不开的。

因此，在这里我诚挚地向学界及业界同仁推介这本著作，它出自于一位长期关注中国电视法治公共领域发展的青年学人之手，兼具了理论性与实践性。袁侃博士的《中国电视法治公共领域的建构与演变——以央视涉法传播实践为例》一书中创见颇多，在此不一一列举；但这并不意味着本研究已尽善尽美，某些论述应不断加深，某些观点可继续推敲。希望随着本书的出版，各界能够对其中的问题进行批评与讨论，这正是我所期待的，也是众多关心和支持袁侃的读者所希望的。

是为序。

石义彬

2019年6月于武汉大学

（作者系国务院学位委员会新闻传播学科评议组成员、武汉大学新闻与传播学院教授）

自 序

利用读博士的机会，做一个专题研究，并付梓出版，是我的一个心愿。这一心愿现在实现了。

摆在读者面前的这本书就是我在自己的博士论文基础上修订而成的。它的初稿完成于2018年上半年，其时得到我的博士生导师石义彬教授的大力指导。在是年11月举行的博士论文答辩会上，以刘丽华教授为主席的答辩委员会给予该文较高评价，认为这是一篇"具有开拓性的"博士学位论文。

通过答辩后，曾有一些师友建议我尽快将论文出版。恰逢广东省广播电视局授予本人"广东省广播影视青年创新人才"称号并拨付了相关资助经费，志坚兄履新宁波出版社，故有了将论文修订后出版的打算。在这里对给予本书出版提供过帮助的各位，一并致以感谢。

作为广东省委宣传部广东特支计划的"青年文化英才"，通过武汉大学单独选拔优秀人才攻读博士学位计划，我有幸回母校攻读博士学位。在三年时间里，很多个周末往返于深圳、武汉两地，进行学习。在最后的博士论文预答辩阶段，第一稿由于写得太空泛被全盘推翻，在之后短短的几个月时间里形成新的思路，并最终通过答辩，最应感谢的是恩师石义彬教授多次的耳提面命。

本书的写作还得到以下人士的指导和帮助：武汉大学教授刘丽群、华中科技大学教授钟瑛、武汉大学教授谢湖伟、武汉大学教授冉华、武汉大学教授王瀚东张卓伉俪、武汉大学教授吕尚斌、湖北大学教授廖声武、中国人民大学副教授闫岩以及武汉大学副教授吴世文等。此外，还有不少学界前辈和友人对我的该项研究表示过关注和鼓励。宁波出版社的江一常主任直接促成本书的出版。

  最后,请允许我将此书献给我的夫人周怡女士,感谢她一直以来对我的支持。

袁 侃

2019年5月于深圳

目　录

序 ·· 001
自　序 ·· 005

1　绪　论 ·· 001
1.1　问题的提出 ·· 001
1.2　文献综述 ·· 006
1.2.1　关于公共领域的研究 ·· 006
1.2.2　关于电视涉法传播的研究 ·· 014
1.3　研究视角与方法 ·· 022
1.3.1　研究视角 ·· 022
1.3.2　研究方法 ·· 023
1.4　研究创新点与难点 ·· 024
1.4.1　研究创新点 ·· 024
1.4.2　研究难点 ·· 025

2　中国电视法治公共领域的理论探讨 ···································· 027
2.1　公共领域的中国适应性 ·· 027
2.1.1　公共领域概念的词源学分析 ···································· 028
2.1.2　公共领域概念的学术探讨 ·· 029
2.1.3　公共领域的东西方不同社会语境 ···························· 031
2.2　从公共领域到中国电视法治公共领域 ···························· 035
2.3　中国电视法治公共领域的结构 ·· 036

- 2.3.1 要素结构 ……036
- 2.3.2 功能结构 ……040
- 2.4 中国电视法治公共领域建构的前提 ……042
- 2.5 中国电视法治公共领域发展的衡量标准 ……045
  - 2.5.1 载体的扩张性 ……045
  - 2.5.2 平台的开放性 ……046
  - 2.5.3 参与的平等性 ……047
  - 2.5.4 话语的公共性 ……049

3 中国电视法治公共领域的开创与"记录体"的确立 ……051

- 3.1 开创期中国电视法治公共领域的建构语境 ……052
  - 3.1.1 逐步演替的社会转型 ……052
  - 3.1.2 法律体系建设的提速前行 ……054
  - 3.1.3 "自己走路"的中国电视改革 ……055
- 3.2 中国电视法治公共领域的艰难探索 ……056
  - 3.2.1 庭审直播：电视法治公共领域建构的初步尝试 ……056
  - 3.2.2 《冯大兴的下场》：理想化的直接对话空间建构实践 ……058
  - 3.2.3 《焦点访谈》："介入式"间接对话空间建构的独特景观 ……059
  - 3.2.4 《社会经纬》：故事化"记录体"的确立 ……062
- 3.3 开创期中国电视法治公共领域的结构形态 ……065
  - 3.3.1 非主流传播：中国电视法治公共领域的话语地位 ……065
  - 3.3.2 时间断层：中国电视法治公共领域的历时形态 ……066
  - 3.3.3 相对单一：中国电视法治公共领域的空间样态 ……068
  - 3.3.4 普法话语：中国电视法治公共领域的宏大主题 ……070
- 3.4 "记录体"的确立及其故事化特色 ……072
  - 3.4.1 纪实风格："记录体"的直观面貌 ……072
  - 3.4.2 权力博弈："记录体"的内在本质 ……075

3.4.3 故事化:"记录体"的现实选择 ·············076
　　3.4.4 "化枯燥为形象":故事化的编码逻辑 ·············078
　　3.4.5 隐含的意义:故事化背后的法治意识形态 ·············080

4 中国电视法治公共领域的扩张与"说法体"的兴盛 ·············082

4.1 扩张期中国电视法治公共领域的建构语境 ·············083
　　4.1.1 高歌猛进的改革开放与加速重构的社会秩序 ·············083
　　4.1.2 国家法律体系的建成与公民法治素养的提升 ·············085
　　4.1.3 电视市场化与民生化的互动演进 ·············086

4.2 中国电视法治公共领域的极速扩张 ·············088
　　4.2.1 《今日说法》:"说法体"话语模式的强势崛起 ·············088
　　4.2.2 《经济与法》:专业细分趋势下的独特法治公共领域 ·············090
　　4.2.3 《法治在线》:"记录体"的新闻话语表达变体 ·············091
　　4.2.4 社会与法频道:电视法治公共领域的横向扩张 ·············093

4.3 扩张期中国电视法治公共领域的结构形态 ·············094
　　4.3.1 突变:中国电视法治公共领域的极速膨胀 ·············094
　　4.3.2 集中:直接对话空间的强势崛起及其功能转向 ·············095
　　4.3.3 不适:大浪淘沙之后的重生与消亡 ·············097

4.4 《今日说法》"说法体"现象的多维透视 ·············099
　　4.4.1 "说法体"探源 ·············099
　　4.4.2 参与主体视角下的"说法体"功能认知 ·············101
　　4.4.3 "说法体"表意系统的确立 ·············103
　　4.4.4 公共议题选取的"点滴"思维 ·············106
　　4.4.5 公共讨论设计的开放色彩 ·············107
　　4.4.6 "姥姥文化"的话语表达追求 ·············108
　　4.4.7 "说法体"现象的扩散及意义 ·············109

5 中国电视法治公共领域的再造与"沟通体"的创设 ……… 112

5.1 再造期中国电视法治公共领域的建构语境 ……… 113
- 5.1.1 从"四个全面"进入"新时代" ……… 113
- 5.1.2 从"法律体系"迈向"法治体系" ……… 115
- 5.1.3 从"电视媒体"转向"融合媒体" ……… 116

5.2 中国电视法治公共领域的再造 ……… 117
- 5.2.1 《小区大事》:"参与式"电视法治公共领域的开端 ……… 117
- 5.2.2 《我是大律师》:"直接对话空间"的极致表达 ……… 119
- 5.2.3 《律师来了》:"融合对话空间"的积极建构 ……… 120

5.3 "沟通体"的基本话语形态及公共领域再造意义 ……… 122
- 5.3.1 "沟通体"的核心意涵 ……… 122
- 5.3.2 "沟通体"的基本话语形态 ……… 124
- 5.3.3 "沟通体"的电视法治公共领域再造功能 ……… 130

6 中国电视法治公共领域的结构危机与风险应对 ……… 133

6.1 中国电视法治公共领域的结构危机 ……… 134
- 6.1.1 载体危机:媒介格局变迁下的"整体失落" ……… 135
- 6.1.2 形态危机:空间层次的结构性失衡 ……… 139
- 6.1.3 话语危机:话语表达方式的日渐僵化 ……… 142
- 6.1.4 功能危机:公共领域功能的错位与异化 ……… 144

6.2 中国电视法治公共领域的危机归因 ……… 146
- 6.2.1 技术归因:"危"与"机"中的艰难调适 ……… 146
- 6.2.2 认知归因:公共意识的不足与法治观念的落后 ……… 148
- 6.2.3 经济归因:公共属性与经济属性的长期博弈 ……… 150

6.3 中国电视法治公共领域的危机启示 ……… 152
- 6.3.1 生态重建:建立电视法治公共领域的社会保护机制 ……… 152

6.3.2　认知重构:公共意识与法治精神的双重提升 …………154
　　6.3.3　空间重组:建立融合对话空间主导下的多元空间体系 …157
　　6.3.4　手段重整:以全新融合思维重塑法治公共领域面貌 ……159

参考文献………………………………………………………………162
附录一:社会公众电视法治公共领域认知与满意度问卷调查表 …………171
附录二:中国电视法制节目业者电视法治公共领域认知与满意度访谈提纲 …174
附录三:攻博期间发表的与学位论文相关的科研成果目录 ……………175

后　　记…………………………………………………………176

1 绪 论

1.1 问题的提出

肇始于 1980 年 11 月 20 日央视对"林彪、江青反革命集团案"的特别现场直播,中国电视涉法传播实践迄今已经走过了近 40 年的漫长历程。近 40 年来,中国电视涉法传播实践始终紧随国家改革开放和法治建设的坚定步伐,在节目理念、话语方式、节目形态等各个方面推陈出新,已经逐渐发展出了一种极其重要的电视节目类型,并形成了具有中国特色的电视文化景观。从规模体量上看,"据不完全统计,目前,固定播出的电视法制节目已经超过 300 个"[1],并且有央视社会与法频道、长沙政法频道、河南政法频道等诸多电视法治专业频道,可谓蔚为壮观。而在节目形态方面,有以央视《天网》为代表的纪实性电视法制节目,以央视《法治在线》和北京电视台《法治进行时》为代表的新闻性电视法制节目,以央视《今日说法》、重庆电视台《拍案说法》为代表的说法类电视法制节目和以央视《我是大律师》《律师来了》为代表的谈话类电视法制节目等许多创新性的电视法制节目,节目形态的丰富度已经得到了显著的提升。从受众影响来看,中国电视法制节目"在观众经常

---

[1] 李金宝:《电视法制节目的流变及发展趋势 —— 兼论中国电视法制节目的形态与模式》,《现代视听》2011 年第 8 期。

收看的电视节目类型中高居前列,仅次于新闻节目"[2]。特别是央视《今日说法》栏目,更是曾经一度创造了收视率5.41%、观众规模5919万、市场份额26.27%[3]的数字奇迹,并被社会各界亲切地誉为"中国人的法律午餐"。毫无疑问,在国家"普法"的话语框架下,中国电视法制节目不仅是中国社会变迁、法治进程的历史见证者、点滴记录者,还是国民法治素养乃至国家法治建设的重要推动者;不仅是外界观察中国法治进程的重要窗口,还是国民法治生活的重要组成部分。

"公共领域"主要是指"我们的社会生活的一个领域,在这个领域中,像公共意见这样的事物能够形成"[4]的精神交往空间,其功能主要在于通过社会成员公开而又理性地讨论的方式,以求得社会共识的达成,进而弥合社会的分歧、重构社会的秩序、克服公共权力的异化和维护公共权力的合法性。法治公共领域作为公共领域的重要组成部分,同样也具有公共领域的这一主要功能。以哈贝马斯、胡克为代表的"程序主义"或"沟通主义"法哲学观就认为,合法的法律应当是"可以在一个商谈性意见形成和意志形成过程中被所有法律同伴所合理地接受的"[5]法律,"'找到'(假定的)某一正确的答案的方法不能为超级法官赫拉克勒斯所独享,而只能通过沟通性辩论获得"[6],这种沟通的范围涉及了立法、执法与司法等各个领域及其中的各个环节。并且,通过广泛沟通而形成的法治,能够有效促进公民对法治的理解与认同,使得公民能够将自己理解为"作为承受者所要服从的法律的制定者",增强法治本身的合法性根基。与之不谋而合的是,中国共产党第十八届四中全会也明确提出:"法律的权威源自人民的内心拥护和

---

[2] 游洁、郑蔚:《电视法制节目新论》,中国广播电视出版社,2007。

[3] 张瑜烨:《〈今日说法〉节目标题的四定位》,《当代传播》2004年第5期。

[4] 黄月琴:《"公共领域"概念在中国传媒研究中的运用——范式反思与路径检讨》,《湖北大学学报(哲学社会科学版)》2009年第6期。

[5] 马克·范·胡克:《法律的沟通之维》,孙国东译,法律出版社,2008。

[6] 马克·范·胡克:《法律的沟通之维》,孙国东译,法律出版社,2008。

真诚信仰"[7]。由此可见,法治与公共领域之间的紧密联系,即法治自身的建构离不开公共领域的沟通赋能和合法性赋予。

在公共领域的结构体系中,大众传媒的影响不容忽视。哈贝马斯在其《公共领域的结构转型》一书中,不仅关注与考察了大众传媒对公共领域结构的影响,而且还明确提出了大众传媒既"影响了公共领域的结构,同时又统领了公共领域"[8]的理论判断。泰勒高度重视大众传媒在公共领域建构中的积极作用,将其称之为现代大型社会民主实践、公共讨论的"电子广场"[9]。电视法治公共领域作为与法庭辩论、法官说法等并列的法制公共领域分支领域,因电视本身的强大传播影响力和电视法制节目传播者们积极的介入和长期的努力,而在整个法治公共话语空间格局中具有着举足轻重的地位。

一直以来,对中国电视涉法传播的研究往往局限于经验主义的层面,难以跳脱就事论事的认知框架。然而,公共领域理论的引入,则以其"公众沟通、公共利益、民主参与"[10]等公共性思想视角,贯通了法哲学、传播学等不同学科,从而以更加多元、综合的全新观察视野,助力研究者们更加深入、透彻地理解、认识和阐释中国电视涉法传播的本质和规律,进而找到更加有效的传播变革路径。毫无疑问,以公共领域理论视之,从"林彪、江青反革命集团案"特别现场直播,到《社会经纬》故事化"记录体"话语表达方式的间接对话空间模式的确立,再到《今日说法》的"5分钟"直接对话空间模式的形成,以至《我是大律师》《律师来了》的融合型对话空间模式的升级,近40年来的中国电视法治公共领域建构走过了一条从无到有、从逼仄到广阔、从结构不合理

---

[7] 人民出版社编《中国共产党第十八届中央委员会第四次全体会议公报》,人民出版社,2014。

[8] 哈贝马斯:《在事实与规范之间——关于法律和民主法治国的商谈理论》,童世骏 译,生活·读书·新知三联书店,2003。

[9] 黄月琴:《"公共领域"概念在中国传媒研究中的运用——范式反思与路径检讨》,《湖北大学学报(哲学社会科学版)》2009年第6期。

[10] 黄月琴:《公共领域的观念嬗变与大众传媒的公共性——评阿伦特、哈贝马斯与泰勒的公共领域思想》,《新闻与传播评论》2008年第1期。

到结构逐步完善、从功能单一到功能逐步完善的不断演变之路,并且这种演变仍有强大的动力和变革的需求。当然,这只是对中国电视法治公共领域结构演变的粗略认知,对于其更加细致、完整的面貌,比如空间演变特征、参与主体特征、话语方式特征等核心关键问题,我们仍需做进一步探讨。

与此同时,中国电视法治公共领域的建构与演变,总是与特定的社会语境紧密结合。这就带来了本研究的第二个问题,即:中国电视法治公共领域的建构与演变和特定社会语境,特别是社会变迁、国家法治建设、电视媒介变革等要素之间到底是一种怎样的互动关系。只有通过这样的一种话语分析方式,我们才能更好地把握中国电视法治公共领域的建构与演变的内外部动因,从而更好地推动其进一步向前发展。目前,对于中国电视法治公共领域与社会变迁的关系研究,虽然没有直接性的研究成果,但仍有少量的相关性论述。比如,有观点就认为:"市场经济改革拉动了社会转型",促使整个社会由"全权主义时代的垂直身份依附关系"到"主体平等基础上的平行的契约关系"转变,促使法律"从专注于专政权力转向保障公民权利",但是由于公民法律意识的欠缺,却出现了"外部法律制度健全"而"内在守法观念薄弱"的吊轨"断裂"现象,"只能寄望于媒体、教育机构、公民团体的协同努力,而媒体,尤其是媒体中的先行者的启蒙作用又是其他社会力量所无法取代的"[11]。而对于中国电视法治公共领域与国家法治建设的关系研究,相关性的代表观点就提出:"中国电视法制节目的产生、发展与兴盛与中国法制建设息息相关,它走过的每一步都记录并影响着中国法制的发展进程,甚至可以说,电视法制节目实际上已成为中国法制建设中的一个重要组成部分"[12]。而对于中国电视法制公共领域与电视媒介变革的关系的相关性研究,

---

[11] 展江、李洋:《"午餐桌上的法律"与中国法治化进程》,《现代传播:中国传媒大学学报》2009年第1期。
[12] 范愉:《电视法制节目与法制建设的互动关系》,《南通师范学院学报(哲学社会科学版)》2003年第2期。

则几乎很少有人涉及，因此这些研究成果体现出了系统性不足的特征。并且，前两个方面的研究与中国电视法治公共领域建构的丰富实践相比，也显得过于笼统，无法有效勾勒出相关互动关系的细节特征。因此，本研究将通过更加扎实的材料搜集和更加细致的思考分析，力求尽可能地克服现有研究在此方面的不足。

本研究之所以选择央视涉法传播实践作为中国电视法治公共领域的建构与演变研究的事实立足点，主要基于以下四点考虑：其一，央视涉法传播实践作为中国国家台的法治传播实践，与整个中国的社会变迁、法治建设实践、电视改革实践有着更加紧密的联系，能够更好地反映各环境因子与电视法治公共领域相互作用之间的脉动，因而在中国电视法治公共领域建构中有着更加突出的普遍性意义和代表性价值。其二，央视作为中国电视法治公共领域建构中最具实力的践行者，虽然在早期阶段的经历相对曲折，但是由于拥有国家台的资源保障，因而在后来的实践过程中是最具活力的实践主体，其几乎在不同层次的电视法治公共领域建构实践中均有涉猎，并且也的确打造出了诸如《今日说法》《法治在线》《天网》等具有代表性的、成功的创新电视法制节目形态。从前文可以看出，在中国最具影响力的电视法制节目中，央视的电视法制节目几乎占据了绝大多数。通过对这些文本的研究，我们足以有效把握中国电视法治公共领域的建构与演变的脉络。其三，中国电视法治公共领域的建构实践极为驳杂，涉及的节目多达几百个、历史跨度近40年。因此，本研究基于研究方法及研究可行性的考量，选择央视涉法传播实践作为个案，有利于更好地进行聚焦式的研究，从而更加集中、有效地深入中国电视法治公共领域的内在肌理，从参与主体、空间形态、话语表达乃至电视法制节目文本的栏目名称、节目标题、片头、结构方式、声音、图像、主持人、编导、制片人等不同方面、不同层次，更加细致地把握住中国电视法治公共领域的建构与演变的基本过程。最后，选择央视涉法传播实践作为中国电视法治公共领域的建构与演变的案例支撑，并不是要将地方电视台的涉法传播实践排除在外。在研究过程中,笔者在以央视涉法传播实践作为主要案例的同时,也将遵循从个别到一般、从特殊到普遍的基本研究思路,将地方电视台电视法治公共领域建构的代表性实践纳入其中,并对其与央视涉法传播实践的内在逻辑关系进行准确分析。

1.2 文献综述

1.2.1 关于公共领域的研究

1.2.1.1 国外关于公共领域的研究

"公共领域"概念由德国政治学家汉娜·阿伦特首先提出,并经该国哲学家、社会学家尤尔根·哈贝马斯系统论述,进而在全世界掀起了一股公共领域理论的研究热潮[13]。尽管近年来伴随着该理论研究的扩散和理论实践语境的变迁,涌现出了诸如 Tamara Sheppard 的"公共性"[14]、Toula 和 Lisby 的"积极公共领域"[15]、Thomas Jacobson 的"公共领域理论发展趋势"[16]等基础理论研究成果,以及 Barbara F. Schloman、Peter Dahlgren、Leonhard Dobusch、George Robert Boynton 等人基于数字传播的"共识制造"[17]"公共领域与互联

---

[13] 王玲、申恒胜:《"公共领域"之系谱考察》,《学习与实践》2007 年第 11 期。
[14] Tamara Sheppard, "Putting the public in the public Domain: The public library's role in the re-conceptualization of the public domain," *New Library World* (2009).
[15] Toula&Lisby, "Towards an affirmative public domain," *Cultural Studies* (2014).
[16] Thomas Jacobson, "Trending theory of the public sphere," *Annals of the International Communication Association*(2017).
[17] Barbara F. Schloman, "Creative commons: An opportunity to extend the public domain," *Online Journal of Issues in Nursing*(2003).

网、政治传播关系"[18]"数字公共领域"[19]"进入公共领域的社交媒体的社会心理塑造"[20]等实证研究成果,但是阿伦特、哈贝马斯、泰勒三人的研究成果无疑是西方公共领域研究不可逾越的高峰。

1. 阿伦特的古典型公共领域思想。阿伦特的公共领域思想主要建立在古希腊的城邦政治生活经验的基础之上。她在1958年出版的《人的条件》一书中,提出了"公共领域"的概念,但是却并未对其予以明确的界定,而是从古希腊的"人"的理念出发,将人的生命活动分为了劳动、工作和行动三个重要组成部分,其中,劳动与工作被进一步划分为了"私"的领域,而行动则被划分为了"公"的领域[21],并在这种公/私二元划分中指出,作为"公"的领域的行动"是唯一不需要物质中介的人际间相互交往"的活动[22]。在这里,公共领域成了个人展现自我与人际交往的场所,更是公共生活的意义所在。"想要从事政治,想要生活在城邦中,就意味着所有的事情都要通过言辞和劝说而不是通过强制与暴力来决定"[23],"被他人所见所闻,其意义只来自这一事实:每个人都是在不同的位置上去看去听的。这就是公共生活的意义"[24]。由此可见,阿伦特的"公共领域"概念主要指向的是"一个由人们透过言语及行动展现自我,并进行协力活动的领域"[25],其以公/私二元对立为前

---

[18] Peter Dahlgren, "The Internet, Public Spheres, and Political Communication: Dispersion and Deliberation," *Political Communication*(2005).

[19] Leonhard Dobusch, "The Digital Public Domain: Relevance and Regulation," *Information & Communications Technology Law*(2012).

[20] George Robert Boynton, "Co-Motion-Twitter Enters the Public Domain," *Open Journal of Political Science*(2014).

[21] 黄月琴:《"公共领域"概念在中国传媒研究中的运用——范式反思与路径检讨》,《湖北大学学报(哲学社会科学版)》2009年第6期。

[22] Barbara F. Schloman, "Creative commons: An opportunity to extend the public domain," *Online Journal of Issues in Nursing*(2003).

[23] 汉娜·阿伦特:《人的条件》,竺乾威译,上海人民出版社,1999。

[24] Leonhard Dobusch, "The Digital Public Domain: Relevance and Regulation," *Information & Communications Technology Law*(2012).

[25] 王宝霞:《阿伦特的"公共领域"概念及其影响》,《山东社会科学》2007年第1期。

提,包含着民主、自由、公共等基本内核,具有极为宝贵的思想价值,因此其所论述的公共领域也被称之为"古典型公共领域"。这与阿伦特本身作为"反犹主义"受害者对"宣传""集权主义"的高度警惕的个人人生经历有着莫大关系。但是,其基于古希腊自由民主的政治生活为基础的理论分析,却忽视了被古希腊城邦剥夺了自由的奴隶乃至来到古希腊城邦的外邦人的生存状态,不免存在着一定的视野局限性。

2.哈贝马斯的资产阶级公共领域思想。作为公共领域的发扬光大者,哈贝马斯基于"18世纪至19世纪初英、法、德三国的历史语境"[26],在继承阿伦特关于公共领域的形成前提、基本原则等基础之上,进一步对资本主义公共领域的内涵、类型、结构与结构演变历程,以及公共、公共性、公众舆论等主题进行了系统而又全面的论述。他认为,资产阶级公共领域"首先可以理解为一个由私人集合而成的公众的领域;但私人随即就要求这一受上层控制的公共领域反对公共权力机关自身,以便就基本上已经属于私人,但仍然具有公共性质的商品交换和社会劳动领域中的一般交换规则等问题同公共权力机关展开讨论"[27]。从结构上看,公共领域就是介于国家与社会之间的中间地带。他依循阿伦特的公／私二元划分法,在对早期资产阶级文学公共领域、政治公共领域考察的基础之上,提出了国家与私人的对立是资产阶级公共领域产生的前提条件;良好的受教育程度和拥有必要的财产是公民参与公共领域的基础;公共性、批判性、理性探讨是公共领域的显著特征。上述理念,构成了哈贝马斯资产阶级公共领域的理想面貌。他认为,早期的资产阶级公共领域符合了理想型公共领域的基本思想,但是随着资本主义的发展,福利国家开始出现,"国家社会化"与"社会国家化"的趋势不断增强,国

---

[26] 哈贝马斯:《公共领域的结构转型》,曹卫东、王晓珏、刘北城、宋伟杰译,学林出版社,1999。

[27] Barbara F. Schloman, "Creative commons: An opportunity to extend the public domain," *Online Journal of Issues in Nursing*(2003).

家与社会日趋融合,消解了资产阶级公共领域的基本前提,使得资产阶级公共领域出现了"再封建化",变为了"伪公共领域"。哈贝马斯的公共领域思想,虽然严格限定在了资产阶级的历史语境之下,并且也存在着忽视、排斥"平民公共领域"的做法,同时在解剖现代资本主义方面也存在着因将"公"与国家等同和将"私"与社会等同进而过于强调国家与社会的对立、因认为早期资产阶级公共领域主要受特权阶层控制而过于注重公共领域的批判性等思想的偏颇,但是仍然将公共领域理论向前推进了一大步。

3. 泰勒的现代资产阶级公共领域思想。与哈贝马斯的批判性立场不同的是,查尔斯·泰勒基于20世纪晚期的资本主义实践现实,引入了安德森的"社会想象"概念[28],提出了公共领域并非一定要是咖啡馆式的面对面公共事务探讨,而是可以由"大众传媒所聚合的'想象的舆论共同体'"[29]。泰勒认为,在"现代大型社会"中,公民"透过媒体的公开讨论""投票选举"虽然分散,但仍然是公众参与公共领域的重要体现。这种由电子媒介提供的"新公共讨论场所——电子广场",即为现代社会的公共领域,可称之为"元论题性的公共空间"。同时,他还变革了哈贝马斯批判性的公共领域观念,认为公共领域主要围绕公共议题而展开,只要是对公共问题的解决有所助益,公共领域的运作机制就有其自身的合理性[30]。

自哈贝马斯起,公共领域与大众媒介的关系始终成为公共领域研究关注的主要焦点之一,"公共领域的建构在现实中绕不开大众传媒的问题"[31]。

---

[28] 黄月琴:《"公共领域"概念在中国传媒研究中的运用——范式反思与路径检讨》,《湖北大学学报(哲学社会科学版)》2009年第6期。

[29] 哈贝马斯:《公共领域的结构转型》,曹卫东、王晓珏、刘北城、宋伟杰译,学林出版社,1999。

[30] 黄月琴:《公共领域的观念嬗变与大众传媒的公共性——评阿伦特、哈贝马斯与泰勒的公共领域思想》,《新闻与传播评论》2008年第1期。

[31] 黄月琴:《公共领域的观念嬗变与大众传媒的公共性——评阿伦特、哈贝马斯与泰勒的公共领域思想》,《新闻与传播评论》2008年第1期。

哈贝马斯在其《公共领域的结构转型》一书中，高度肯定了书籍、报刊在早期资产阶级公共领域建构中的积极作用，却对福利国家背景下的大众传媒持批判的态度，认为随着电子媒介的商业化，大众传媒不再具有批判的公共讨论功能，"具有操纵力量的传媒褫夺了公众性原则的中立特征"，使得"公共领域发展成为一个失去了权力的竞技场，其意旨在于通过各种讨论主题和文集既赢得影响，也以尽可能隐秘的策略性意图控制各种交往渠道"[32]。相反，查尔斯·泰勒不仅正面肯定了大众传媒在公共领域中特别是在现代公共领域中的建构功能，而且还"把信息技术环境下的现代传媒的公共性问题提到了首要位置"。对此，前文已有论述，在此不再赘述。

1.2.1.2　国内关于公共领域的研究

公共领域理论自20世纪80年代引入中国以来，首先面临的一个问题就是公共领域在中国的适应性问题。其中，有研究者以20世纪初中国早期商会作为考察的切入点，认为"中国社会并不存在任何类似西方那样脱离国家控制的独立自治社会"[33]。也有研究者以晚清时期长江上游城市为例，指出中国社会存在公共领域，但是"由于新政前公共领域发展极不充分，因此国家力量在公共领域发展中的影响重大。20世纪初，在国家的倡导和支持下，公共领域得到了较快的发展"[34]。还有研究者认为，应当跳脱公共领域研究的"国家/社会"二元对立模式，而采用"国家/第三领域/社会"的三元结构模式对中国公共领域进行研究，并认为"中国清末出现的是这种第三领域"[35]。大量研究者围绕上述三类不同观点发生了激烈的争论。比如，针对黄宗智

---

[32]　哈贝马斯：《公共领域的结构转型》，曹卫东、王晓珏、刘北城、宋伟杰译，学林出版社，1999。

[33]　朱英：《转型时期的社会与国家——以近代中国商会为主体的历史透视》，华中师范大学出版社，1997。

[34]　王笛：《晚清长江上游地区公共领域的发展》，《历史研究》1996年第1期。

[35]　赵红全：《公共领域研究综述》，《中共杭州市委党校学报》2004年第4期。

的公共领域第三领域说,梁治平、任剑涛等人就批判其"同样犯了'从西方近代历史经验中抽象出来的理念去理解中国现实'的错误"。

这些争议,从本质上说,主要是由于中国许多研究者"对公共领域的认知局限于哈贝马斯的论述框架之中,始终未能打开视野,甚至把公共领域概念完全等同于哈贝马斯所特指的特定的自由主义模式下的资产阶级公共领域"[36]所致。事实上,"公共领域"概念始终与特定的历史语境相联系,并且随着历史语境的变化,客观上也存在着在内涵与外延等方面的不断演变,有着极强的包容性。同时,我们也应当从变动不居的公共领域实践和论述中把握其核心的内涵,即:作为一种"民主"的思想,公共领域应当是社会公众围绕公共事务而进行的公开讨论的空间。从这个意义上说,"公共领域"概念也就具有了普遍性的意义。这种不言自明的道理,也获得了不少研究者们的认同。我们看到,近年来中国研究者们对"公共领域"概念的中国适用性的讨论已经逐渐减少了,代之而起的则是从公共领域视野出发,对当前中国社会中的政治、法治、媒介事件、社会问题、民生问题等的考察。这种"无声胜有声"的公共领域理论的运用,从一个侧面体现出了中国研究者对公共领域的中国适应性的认可。

在中国,从公共领域视角对大众传媒的研究也是一大理论研究的热点。相关传播研究者们从不同视角不断深入挖掘着公共领域中的传媒思想。其中,对于公共领域与大众传媒的关系问题,有研究者认为,"公共领域与大众传媒问题在某种程度上具有内在的同一性。……在公共领域的问题上,媒体一方面处于公共舆论形成的关键位置,与民主参与、社会表达、政治合法性问题密切相关;另一方面,传媒作为公共领域的建制性因素,媒体报道什么,怎么报道,不报道什么,遮蔽什么,都是与国家,与社会关系、阶级和权力关系相互建构的结果",因此,"应将传媒置于国家-社会关系的框架中进行

---

[36] 黄月琴:《公共领域的观念嬗变与大众传媒的公共性——评阿伦特、哈贝马斯与泰勒的公共领域思想》,《新闻与传播评论》2008年第1期。

分析,……把传媒研究视为综合性学术行为"[37]。这为作为公共领域的传媒的研究奠定了较为公允的学术路径。

围绕传媒、公共领域与公众舆论之间的关系,有研究者分别从三个层次进行了逐次、严密的论证:其中,第一层次为"公共领域与传媒",主要观点认为公共领域的本质是"民主调控公共权力"的机制,"被笼统称作传媒的各种新闻载体,作为信息和意见得以有效传播的平台,理所当然地在公共领域中承担着重要的责任";第二层次为"公共性与公共舆论",主要观点认为"传媒要将自己打造成公共理性的平台,服务于大众的知情权和表达权,就必须使自己的传播行为专业化,充分体现公共性的功能";第三层次为"公共性原则的维护",主要观点认为应当"建立起公共权力与公共领域之间相互约束的机制,保持两者之间适当的张力,为公共性原则的实现提供法制保障"[38]。这三个层次,以哈贝马斯的公共领域理论为思想源泉,立足中国的传媒公共领域实践,可以说对传媒公共领域的主要理论命题进行了较为中肯的论述。

也有研究者立足于中国新闻改革的历史实践,对传媒的公共性问题作了突出强调,这些观点主要包括"传媒业的制度创新必须确立一个原则:公共利益至上"[39];"以传媒属性为逻辑起点,建立国家传媒、公共性传媒与商业性传媒共同建构的合理传媒结构,以达成政府、传媒、公众三者利益的博弈均衡,或可避免传媒公共性结构转型危机"[40]。

不少研究者还以公共领域的理论视野,深入网络、电视甚至是电视法制节目等各种类型、各个层次的传媒公共领域,并进行了一定的研究。比如,有研究者基于博客、网络论坛、网络时评等网络公共领域实践的考察,认为

---

[37] 黄月琴:《"公共领域"概念在中国传媒研究中的运用 —— 范式反思与路径检讨》,《湖北大学学报(哲学社会科学版)》2009年第6期。

[38] 傅永军:《传媒、公共领域与公众舆论》,《现代视听》2006年第1期。

[39] 李良荣:《论中国新闻改革的优先目标 —— 写在新闻改革30周年前夕》,《现代传播:中国传媒大学学报》2007年第4期。

[40] 张金海、李小曼:《传媒公共性与公共性传媒 —— 兼论传媒结构的合理建构》,《武汉大学学报(人文科学版)》2007年第6期。

"网络媒体至今发展状况与'公共领域'概念的内在规定性之间确实存在诸多'相像'与'背离'。……既不是哈贝马斯的理想型公共领域,也不是他基于对文化消费的批判而提出的'伪公共领域',而只能称其为一种'半公共领域'形态"[41]。这与部分研究者提出的"网络的匿名性、平等性和广泛的参与性使其具备公共领域的潜能"[42]的乐观看法存在出入,体现出了较强的分析理性。事实上,"技术要发挥功用,离不开社会政治、经济、文化环境",的确是技术与社会互动的建构结果。同时,也有研究者基于电视公共领域指出,"公共领域是公共权力的批判空间""传媒通过公众舆论影响公共领域",而"公共电视符合公共领域对传媒的本质要求",因为"公共电视的宗旨符合公共领域的目标追求""公共电视的体制可以保障公共领域健康发展",能够在"培养公众意识""搭建沟通平台"和"建立防损机制"等方面发挥积极的作用[43]。也有个别研究者深入微观层次的电视法制节目,以公共领域的视角作为衡量标尺,在承认电视法制节目具有公共领域的特质、属性的同时,指出:"法制节目可以'雷同',但必须'同中求变'","可以'娱乐',但必须'寓教于乐'","可以'唯上',但必须'上下统一'"[44]。

综上所述,我们可以看到,国内外对于公共领域的理论与实践价值已经形成了较为充分的共识,特别是对于公共领域与历史语境的互动变迁关系、"国家-社会"关系路径等方面的研究,为中国电视法治公共领域的建构与演变研究提供了有效的宏观方向和路径指引。但是,这些研究仍然存在以下几个方面的问题:首先,对公共领域本质的把握不够透彻,对诸如公共领

---

[41] 朱清河、刘娜:《"公共领域"的网络视景及其适用性》,《现代传播:中国传媒大学学报》2010年第9期。

[42] 许鑫:《传媒与公共领域研究:现状与反思》,《惠州学院学报(社会科学版)》2010年第2期。

[43] 石长顺、向培凤:《公共电视与公共领域的建构》,《现代传播:中国传媒大学学报》2006年第5期。

[44] 朱清河:《公共领域视域下电视法制节目的"创新"限度》,《现代传播:中国传媒大学学报》2012年第3期。

域的核心内涵、类型、结构、特征，以及公共性、公共舆论、公共权力等理论问题或命题的研究流于表面的论述，缺乏深层次的研究，有的甚至仍然将哈贝马斯所提出的"资产阶级公共领域"等同于"公共领域"，对相关概念、标准进行盲目的照搬照套，使得公共领域理论在不同社会语境下解释的张力无法得到有效释放。因此，只有透过现象的论述深入本质的探讨，才能更好地把握公共领域的本质、特征与规律，也才能更好地解读中国电视法治公共领域中的种种现象。其次，公共领域作为公共话语空间的实践，不仅与其所置身的社会语境存在着各种各样的互动性结构关系，其自身也包含着诸多的要素和结构层次。特别是从本质上看，公共领域以"话语"为主要承载内容，如果不能对包括话语在内的公共领域要素、结构等特征进行仔细研究，将难以清晰勾勒不同类型、不同领域的公共领域面貌。最后，现有的研究虽然在"国家-社会"框架的宏大视野中对宏观的公共领域问题进行了研究，但是对于诸如政治公共领域、法治公共领域、文化公共领域、社会公共领域等不同公共领域类型，乃至更低层次的社区公共领域、媒介公共领域（特别是电视法治公共领域）等较为具体的公共领域方面的研究却极为少见，而这些微观的公共领域研究不仅有助于丰富公共领域理论的材料，还有助于从具体的案例剖析中把握公共领域的本质。

1.2.2 关于电视涉法传播的研究

所谓电视涉法传播，是以电视新闻、专题、直播、纪录片、电视剧等为载体，在内容方面将生活中的素材融合进法律知识、法律案件进行创作，并最大程度地还原案件或者事件本身的面貌，挖掘事件背后的法律意义的一种电视传播样态。本论文主要研究的是除了纪录片以及电视剧以外的电视节目。

1.2.2.1 国外关于电视涉法传播的研究

相比于中国电视涉法传播而言，国外虽然也存在诸如美国 truTV 的系列法庭直播节目、CBS 的《Judge Judy》、Fox 的《COPS》、NBC 的《Dateline》、CBS 的《48 Hours》等影响力极高的电视涉法传播节目,但是其活跃程度却与中国的不可同日而语。同时,由于学术研究传统的不同,国外很少有针对电视涉法传播活动本身进行直接研究的,更多的则是从宏观层面对电视涉法传播与社会之间的关系进行探讨。相关代表性研究成果主要包括:

1.斯图亚特·霍尔的"道德恐慌"研究。斯图亚特·霍尔在其《控制危机》一书中,运用民族志的研究方法,对大众媒体对黑人青少年犯罪的担心所导致的社会道德恐慌,以及这种道德恐慌在大众媒体和社会心理层面的表现进行了研究。在研究中,作者还提出了"主要解释人"和"次要解释人"的概念,前者在相关传播活动中占有主导地位,后者则占据次要地位,只是对前者的筛选和阐释[45]。

2.丹尼斯的"公共恐惧议程设置"研究。美国研究者丹尼斯在其《公共恐惧议程设置:对电视犯罪报告、公众对犯罪的看法、FBI 的纵向考察》一文中,分析了美国公众对犯罪的看法。该文通过对美国电视网络的犯罪新闻报道统计分析,认为虽然"与其说公众是对犯罪类电视新闻的恐慌,不如说是对基于犯罪的真实世界的恐慌"[46],但是由于电视犯罪新闻的大量报道,公众对犯罪问题的关注度有了显著的提高。

3.福瑞赫·廷等人的电视对犯罪的影响研究。美国研究者福瑞赫·廷等人集中探讨了西方电视节目对犯罪率的影响。他们通过对西德电视媒体的访问研究,聚焦于暴力和财产犯罪,得出结论认为,良好的电视法治传播是低暴力犯罪、性犯罪、盗窃犯罪的重要助力,但却无法改变更多欺诈的现实[47]。

---

[45] 胡翼青:《西方传播学术史手册》,北京大学出版社,2015。
[46] Lowry & Dennis T, "Setting the Public Fear Agenda: A Longitudinal Analysis of Network TV Crime Reporting, Public Perceptions of Crime, and FBI Crime Statistics," *Journal of Communication*(2003).
[47] Friehe, Tim&Müller, Helge&Neumeier, Florian, "The effect of Western TV on crime: Evidence from East Germany," *European Journal of Political Economy*(2018).

4.卡伦·阿赫的电视与法庭关系研究。美国研究者卡伦·阿赫在其《电视与高等法庭》一文中认为,虽然电视报道者们都想进入高等法庭参与法庭案件报道,但是他们却不一定传递了真正到位的报道。这需要电视报道者们具有良好的法律及传播专业素质[48],将电视法制节目传播者自身的素质问题摆在了重要的研究位置。

5.彼得·罗宾逊的法律电视形象研究。英国研究者彼得·罗宾逊的《律师与法律体系的电视形象：英国经验》一文,基于英国的经验,勾勒了律师和法律体系的形象在电视中的呈现过程,并且认为,电视媒体反射而非折射了社会大众对律师和法律体系的看法。律师和法律体系在电视上呈现出了一种积极的正面形象[49]。

1.2.2.2　国内关于电视涉法传播的研究

目前,随着中国电视涉法传播实践的日趋活跃,与电视涉法传播相关的研究也不断增多,研究主题涉及了电视法治传播史、传播功能、节目形态、叙事、语言、传播效果、传播主体等诸多方面,并且主要从不同电视法制节目的个案实践的角度展开研究。

1.电视法治传播史研究。不同研究者根据不同的标准提出了不同的电视法治传播发展阶段说。有的研究者从较为直观的角度认为,中国电视法治传播主要分为这样四个阶段：即1985年至1993年为第一阶段,以"1985年5月22日上海电视台的《法律与道德》试播"为开端,因为该栏目"是我国电视历史上第一档正式的法制栏目"；1994年至1998年为第二阶段,主要体现为全国开办电视法制栏目的数量有了大幅增长,并且节目形态也有了更多的创新；1999年至2002年为第三阶段,主要依据是这一阶段"1999年央

---

[48] Karen Aho, "TV and the Supreme Court," *Columbia Journalism Review*(2003).
[49] Peter Robson, "Lawyers and the legal system on TV:The British experience," *International Journal of Law in Context*(2006).

视《今日说法》节目开播,标志着我国电视法制节目进入了一个空前繁荣的时期";2003年至今为第四阶段,"以2003年凤凰卫视开播的《文涛拍案》为起点,我国电视法制节目走过青涩和繁荣大发展,进入转型期"[50]。这一分期观点基本勾勒了中国电视涉法传播的历史面貌,但是所采用的标准较为模糊,缺乏必要的科学性。也有研究者以"电视法制节目的形态和模式"为指标,将中国电视法治传播的流变分为了五个阶段,即以1985年上海电视台《法律与道德》正式开播为起点的第一阶段、以1994年南京电视台《法庭传真》"创新中国电视法制节目纪实风格"为标志的第二阶段、以1999年1月央视《今日说法》开启"以案说法"为典型特征的第三阶段、以1999年12月北京电视台《法治进行时》打造"电视法治新闻社会化"为特色的第四阶段和以2003年凤凰卫视创新"讲好故事的逻辑方式"的第五阶段[51]。该分期观点虽然标准较为统一,但是分期过细,并不符合严格的历史分期要求,仍然缺乏必要的科学性。还有研究者将中国电视法治传播分为三个阶段,即1980年至1992年的"初现期"、1993年至2002年的"飞速发展期"、2003年至今的"繁荣期"[52]。该分期观点综合了中国电视法治传播发展史上的代表性事件和节目数量与质量的变化,并且与不同阶段所处的国家法治建设环境、电视行业本身的变革结合起来,相较于前两者有了更大的进步。但是,从总体上看,研究者们对于中国电视法治传播的历史研究仍然缺乏足够的科学性,特别是在标准的选择上,仍然没有找到一个合适的划分标准,并且对于中国电视法治传播发展史上的代表性事件的认知也不够充分和全面,同时对于2003年以后10几年的中国电视法治传播发展,也缺乏认真的梳理,因此呈现出诸多的不足。

---

[50]　陈克、李晓君:《我国法制电视节目的发展历程与趋势》,《新西部》2013年第4期。

[51]　李金宝:《电视法制节目的流变及发展趋势——兼论中国电视法制节目的形态与模式》,《现代视听》2011年第8期。

[52]　游洁、郑蔚:《电视法制节目新论》,中国广播电视出版社,2007。

2. 电视法治传播形态研究。研究者们对其进行了相对深入的研究。所谓电视节目形态,主要是指电视节目的"存在样式和运动状态",可以分为"基本形态""模块环节"和"元素符号"三个从宏观到微观的主要层次[53]。围绕电视法治传播(节目)形态的研究,主要涉及了宏观的基本形态、中观的叙事结构和微观的主持人语言三个方面的重点内容。其中,在宏观的基本形态层面,有研究者将中国电视法制节目的形态主要分为了法制新闻节目、法制专题节目和栏目剧三种主要类型。其中,法制新闻节目"包括法治信息、法治新闻事件报道等",涵盖法制新闻信息类栏目和"以新闻性为主要特征的法制专题节目",如央视的《法治在线》栏目;法制专题节目"包括犯罪、刑侦和法庭的纪实追踪等方面的专题节目",如央视的《天网》《第一线》《今日说法》等栏目;栏目剧"即以法制题材的真实内容改编的、在固定节目时段播出的电视系列剧",如重庆电视台的《雾都夜话》、江苏卫视的《新三言二拍》等节目[54]。也有研究者提出了电视法制节目的"四形态说",即电视法制节目可以分为以案说法节目、专题性法制节目、谈话类法制节目和现场法制新闻节目四种类型,并且提出了电视法制节目的形态融合理论,认为电视法制节目可以有自身融合、跨媒体融合和孵化融合三种路径[55]。还有研究者对电视法制节目的形态进行了更加细致的划分,认为其可以分为"说法类、深度报道类、庭审类、谈话类、寓教于乐类、警事信息类、服务类、教学类"等节目类型[56]。这些不同的分类方法,虽然标准各不相同甚至前后矛盾,但是对于我们从横向角度把握中国电视法制节目的基本面貌却有着极为重要的理论参考作用。

在中观的模块环节层面,不同的电视法制节目往往有着不同的节目形

---

[53] 谭天:《论电视节目形态构成——一种用于节目研发的理论模型》,《现代传播:中国传媒大学学报》2009年第4期。

[54] 李毅:《电视法制节目的类型分析》,《现代传播:中国传媒大学学报》2006年第6期。

[55] 张仕勇:《电视法制节目的形态创新》,《中国记者》2006年第6期。

[56] 范愉:《电视法制节目评析》,《中国广播电视学刊》2004年第7期。

态。特别是针对电视法治访谈节目的节目模块设计，有研究者以《今日说法》为例，归纳出了其"具体表现为'案例+主持人+嘉宾（专家与现场观众）'的演播室访谈形式"[57]。也有研究者针对综合型的电视法制访谈节目的模块设计，以北京电视台《法治进行时》为蓝本，归纳了其"信息+专题"的模块设计形式，并对其专题模块分为的《现场目击》《现场交锋》《现场提示》《法网追踪》《法治热线》《法治纪事》《治安播报》这一动态性特征予以了详细介绍[58]。需要注意的是，虽然中国电视法制节目的形态多种多样，由此带来的节目结构方式也各有不同，但是由于叙事占据了节目内容的重要部分，并且成为影响节目结构的重要因素，如何将真实的法治事件转化为形象的声画呈现，成了电视法制节目模块设计重要的考量因子，由此带来了"故事化"结构模式的兴盛和"故事化"结构研究的崛起。一方面，研究者们从理论角度对电视法制节目的"故事化"结构方式予以了合理化阐释。有研究者认为，由于法律本身的高度专业性，使得电视法制节目在一般电视节目的普通编码之前还存在着法律编码的环节；同样，观众在观看电视法制节目时，也存在着在观看一般电视节目的普通解码之后的法律解码环节，这就是所谓的电视法制节目"双重编码"与"双重解码"现象，也是电视法制节目传播的独特规律[59]。实质上，在电视法制节目"双重编码"与"双重解码"过程中，扮演中介作用的就是"故事化"。另一方面，研究者们又从操作层面对电视法制节目的"故事化"结构方式和话语表达进行了具体的剖析。有研究者以《今日说法》为例，指出故事化在理念层面就是"讲述普通人的平凡故事"和"注重人性化的表达方法"，据此可以将"故事化"的基本模式归纳为"悬念模式""情感模式"和"共鸣模式"三种模式。其中，作为运用最为广泛的一种"故事化"模式，"悬念模式"主要是"注重悬念和包袱设置，故事编排跌宕起伏、扣人心

---

[57] 白广富：《电视法制访谈节目探析》，《中国广播电视学刊》2004年第5期。
[58] 黄海星：《试析〈法治进行时〉的节目形态》，《中国广播电视学刊》2005年第2期。
[59] 吴桂莉：《论电视法制节目传播过程的"双重编码"与"双重解码"》，《浙江工商大学学报》2006年第4期。

弦；讲求情节曲折多变、前后呼应，既出人意料，又在情理之中；故事的推进张弛有度，层层剥笋，揭示真相"[60]，可谓较为中肯、全面地归纳出了"故事化"的主要特征。也有研究者专门对电视法制节目故事化结构方式中的"悬念设置""情景再现"等细节问题进行了专门研究，进一步丰富了电视法制节目"故事化"的内涵。

在微观的元素符号层面，除了前文提到的"悬念设置""情景再现"以外，最为重要的当属包括语言在内的"话语"研究。其中，有研究者从理论层面指出，电视法制节目通过选择现实生活中的"案例"而非普通故事作为叙述的对象，并对这种"案例"进行过程描述和法律分析，这属于一种封闭式的叙述模式，能够有效地将"案例"故事纳入法律的解释框架，进而弥合"应然之法"与"实然之法"之间的矛盾[61]。也有研究者从意识形态角度研究中国电视法制节目的话语变迁，并在对中国电视法制节目历史变迁的梳理和分析后认为，"作为中国舆论监督的瞭望台，(中国电视法制节目的话语)经历了从国家新闻话语到百姓新闻话语的转变"[62]。还有研究者结合中国电视法制节目的历史演变，提出了其语言经历了"从之前的'播'变成了'说'，再到'讲'，甚至是'聊'"的转变，并且指出"主持人的角色和语气态度的把握，除了会定性节目的风格外，很大程度上决定了节目的人文关怀"[63]。在具体话语实践层面，有研究者指出，不同的电视节目类型、不同的元素组合，其话语样态应当有所不同。就电视法制节目而言，应当根据节目情境不同，而采用不同的节目话语，而非千篇一律的话语表达方式[64]。此外，还有研究者围绕电视法制节目的非语言符号

---

[60] 李希光、杜涛：《〈今日说法〉中的讲故事艺术》，《电视研究》2009年第2期。

[61] 陈笑春：《封闭叙述与开放叙述：法律的两种电视话语再现》，《国际新闻界》2012年第8期。

[62] 汪露蓉：《电视法制节目的叙事话语分析》，《韶关学院学报·社会科学》2011年第3期。

[63] 李佳：《法制题材故事类节目主持人的角色和语言风格》，《电视研究》2015年法制节目专刊。

[64] 李立婷：《法制节目主持人话语样态同质化刍议》，《新闻窗》2015年第6期。

（包括演播室的场景设置、环境色彩、灯光效果等）、语言的对象感、针对性、规范性（包括专业性、中立性、严谨性）、通俗性、生动性等问题进行了研究，在此不再赘述。

3. 电视法治传播功能研究。研究者们主要围绕其传播的意义、功能和效果等方面而展开。其中在意义研究方面，代表性观点认为，电视法制节目在推动我国法治建设、促进法治意识深入人心的过程中扮演着重要的角色，这种角色主要由中国法治建设的普法工作需要和电视本身"面向大众"的特性所决定[65]；同时，"中国电视法制节目的产生、发展与兴盛与中国法制建设息息相关，它走过的每一步都纪录并影响着中国法制的发展进程，甚至可以说，电视法制节目实际上已成为中国法制建设中的一个重要组成部分"[66]。在功能研究方面，有研究者将电视法制节目作为一种特定的法治文化形态，置于我国法治环境建构这一大系统之中，从三个层面提出了电视法制节目的功能或者作用，即："一是生动记录现实法治的动态变迁及其'可能性'；二是通过故事讲述再现法治体系如何进入社会生活，从而与个体发生具体的联系；三是通过建构电视法治文化，成为法治文化的具体载体和传承方式"[67]；也有研究者以较为直接的方式结合电视自身的传播特性，进一步阐述了我国电视法制节目的应有使命，即通过普法宣传、执法监督、立法推动，提升全社会的法律意识，营造公平公正的社会舆论环境，更好地促进经济发展和社会进步[68]。在效果研究方面，不少研究者采取了实证研究的方式，阐述了电视法制节目在震慑犯罪、教育群众、促进社会治安综合治理方面的积极

---

[65] 李静：《电视法制节目在中国法治化进程中的角色——电视法制节目现状与发展分析》，《中国广播电视学刊》2007年第3期。

[66] 范愉：《电视法制节目与法制建设的互动关系》，《南通师范学院学报（哲学社会科学版）》2003年第2期。

[67] 陈笑春：《动态记录·大众阐释·文化传承——电视媒体在法治环境建构中的功能》，《重庆邮电大学学报（社会科学版）》2015年第1期。

[68] 尹力、王新中、张国飞：《以推动公民素质的提高为己任——中国电视法制节目的使命》，《中国记者》2000年第6期。

效果。

　　综上所述，我们可以发现，国内外关于电视涉法传播的研究涉及的主题较为广泛，在研究方法上既有内容分析又有实证调查，成果较为丰硕。但是，这些研究仍然存在几个方面的突出问题：首先，在研究方法上，基于节目个案的经验总结多，理论分析少，基本上还停留在就事论事的传统研究套路之上，无法上升到传播理论研究的高度，难以体现研究成果理论解释的张力。其次，在现有的对中国电视法治传播的理论研究中，理论视野较为狭窄，未能从政治学、社会学、文化学、经济学及其与传播学的紧密联系中探讨其传播背后的极为丰富的意义与价值，在研究的深度和理论表述的系统性上，仍然有进一步开掘的空间。特别是，对于中国电视法治传播背后的法治公共领域意义，除了前文提到的极为个别的研究成果之外，几乎鲜有研究者涉及。再次，就国内研究成果来看，中国电视法治传播，作为具有中国特色的法治传播实践，总是与特定的、不同阶段的社会环境因子紧密勾连，但是目前的研究仅仅局限于对其与国家法治建设之间的关系进行较为笼统的探讨，缺乏深入内部的、更加细致的具体掌握，从而也无法真正勾勒出其历史演变的基本面貌。

1.3　研究视角与方法

1.3.1　研究视角

　　中国电视涉法传播的意义并不局限于"普法"话语框架下推动国家法治建设的层面，而是具有改革开放背景下社会秩序重构的重要建构性意义。通过中国电视法制节目的传播实践，能够在国家治理和社会公众之间形成广泛的共识，进而推动整个国家、社会的健康发展。仅从这个角度上说，中国电视涉法传播本身就具有极为丰富的公共领域内涵和价值。基于此种强烈的理论认知,本研究引入了公共领域理论,并以这种视角,将中国电视涉法传播的实践视为介于国家法治与社会公众之间的中间地带的实践,即国家法治公共领域的实践,以中国电视法治公共领域的建构与演变为研究对象,通过对其建构前提、演变脉络、结构特征、话语方式等分阶段的详细梳理,进而发掘中国电视涉法传播的内在本质、基本规律与价值意义。

1.3.2 研究方法

哈贝马斯认为,公共领域作为研究对象,"比较复杂",并且"特别难以把握"[69],这就要求在研究方法上予以大力创新,这样的研究方法既包括了传统的"政治学",也包括了社会学、经济学、传播学、文化学等多元学科的研究方法。基于此,结合本研究的自身特点,主要采用如下研究方法:

1. 文献分析法。通过对有关公共领域的相关理论文献,特别是阿伦特、哈贝马斯、泰勒以及国内 CSSCI 相关权威理论文献的分析,结合词源学角度的论述,对中国电视法治公共领域进行综合性界定,并梳理出其内在结构、建构前提与发展水平衡量标准,以此作为研究论述的理论基础。

2. 历史分析法。该方法主要是指"运用发展、变化的观点分析客观事物和社会现象的方法"[70]。本研究主要以文献分析法所得出的中国电视法治公共领域功能完善性标准和发展衡量标准等为基本维度,以改革开放之初中国电视法治公共领域的诞生为起点,按照历史纵向脉络对中国电视法治公共领域的建构与演变进行阶段性划分和具体剖析。

3. 系统分析法。该方法主要是指将分析研究的对象作为一个完整的系

---

[69] 哈贝马斯:《在事实与规范之间——关于法律和民主法治国的商谈理论》,童世骏译,生活・读书・新知三联书店,2003。

[70] 甘惜分:《新闻学大辞典》,河南人民出版社,1993。

统，既从事物自身，又从事物所处的外部生态环境角度把握事物及其与环境因子之间的关系。本研究在总体上遵循公共领域理论的"国家–社会"分析框架，将不同阶段中国电视法治公共领域的建构演变与其所处的社会环境、法治环境、行业环境三大主要因子结合起来，以更加深刻地把握其建构与演变的时代背景条件。

4. 话语分析法。话语是中国电视法治公共领域的主要构成要素，也是体现其发展水平的重要依托。梵·迪克的话语分析路径，主要沿着"制作（传者）— 文本 — 理解（受众）"的研究路径而展开，并重点侧重于对话语文本本身的结构特征（主题结构、新闻图式、微观结构、风格、修辞）的研究，从而把握"作为话语的新闻"全貌[71]。本研究在注重分析中国电视法治公共领域参与主体的同时，也将电视法治话语作为重点关注对象，从多侧面、多角度把握不同历史时期中国电视法治公共领域的整体面貌、主要特征与内在规律。

5. 问卷调查法与访谈法。针对中国电视法治公共领域目前的发展现状、存在问题与改进策略，本研究主要采用问卷调查和访谈的方法，主要调查社会公众、业者对目前中国电视法治公共领域基本现状的认知，并据此提出建设性的改进意见。

1.4 研究创新点与难点

1.4.1 研究创新点

本研究主要尝试回答两个方面的问题：一方面，作为外部影响因子的社会变迁、法治建设、电视变革等因素是如何影响中国电视法治公共领域的建

---

[71] 托伊恩·A.梵·迪克：《作为话语的新闻》，曾庆香译，华夏出版社，2003。

构与演变的？另一方面，作为独特话语空间的中国电视法治公共领域近40年来主要经历了哪些具体的演变、每一阶段的具体演变又是如何逐步形成的、具有怎样的演变特点？具体而言，相关的研究创新点主要体现在以下几个方面：

1. 理论创新。本研究引入了阿伦特、哈贝马斯、泰勒等西方代表性学者的公共领域思想，将中国电视涉法传播实践视为中国电视法治公共领域建构的实践，对中国电视法治公共领域的内涵、结构、建构前提与发展衡量标准等基本问题进行了探索性的思考，以此引导整个研究的开展，这是过去对中国电视涉法传播狭隘的个案式节目形态的研究和"普法"话语框架下的研究所未曾涉及的独特视角，有利于更好地发掘中国电视涉法传播实践背后更加深层次的法治公共领域建构意义和价值，因此具有客观的理论创新性。

2. 方法创新。本研究在遵循功能完善性标准和发展衡量标准等的前提下，将文献分析法、历史分析法、系统分析法、话语分析法、问卷调查法、访谈法等方法相结合，从宏观的中国电视法治公共领域与社会发展、法治建设、电视变革等主要环境因子的关系，中观的中国电视法治公共领域的建构与演变过程、特征，微观的中国电视法治公共领域的话语表达方式等不同层面，全面勾勒了中国电视法治公共领域建构与演变的基本面貌。

3. 观点创新。本研究从公共领域的视角，提出了中国电视法治公共领域的演变历史分期观点，这与传统的中国电视法制节目历史分期观点不同。同时，本研究还提出了不同历史阶段的主要话语形态和特征，这是以往类似研究所不曾涉及的内容。

1.4.2 研究难点

1、理论难点。公共领域理论本身极为艰涩和复杂。该理论虽然也对诸如公共性、公众舆论、意见、共识等命题进行了研究，但主要仍是从公共领域与国家、社会的互动关系中进行把握，对于公共领域本身的构成要素、结构特征却探讨得较为模糊,并且也难以进行规范的理论分析和界定。即便是对公共领域这一基本概念,当前研究者们的认知也是说法各异。因此,本研究需要从公共领域理论的思想本质角度进行把握,并结合中国电视法治公共领域建构的具体实践,尝试性地进行较为清晰的界定。

2.方法难点。话语分析法涉及了极为精深的语言学理论知识和分析方法,笔者难以对其进行极为深入和灵活的把握与运用,而只能在相应的理论框架内,结合本研究的需要予以吸纳。同时,作为中国电视法治公共领域实践背景的改革开放已有40年的时间了,其所带来的变化涉及了政治、经济、文化、社会等各个领域,虽然本研究选取了其中最为主要的社会、法治和电视三大环境因子,但是由于各环境因子的行进式特征,使得相关的研究、探讨仍然处于开放式的状态,因而笔者也只能从自身的知识框架、认知视角予以把握,不可能做到严格意义上的客观和科学。此外,作为中国电视法治公共领域实践的电视涉法传播实践,以影像传播符号的方式予以呈现。由于视频文本本身的存储困难和检索困难,使得本研究不得不耗费大量的时间、精力去获取直接或间接的研究资料,特别是早期的研究资料,这也给本研究既定目标任务的达成带来了较大的挑战。

2 中国电视法治公共领域的理论探讨

对中国电视法治公共领域的建构与演变的研究，首先必须对其内涵、结构、建构前提与发展衡量标准等基本理论问题形成较为深刻的认识，如此方能使整个研究具有应有的思考深度和基本遵循。然而，由于中国电视法治公共领域所依托的公共领域源于西方，并且因西方研究者们不同的研究习惯和传统的影响，使得其迄今为止并不具备完整而又严密的学术理论体系，甚至对公共领域这一概念也没有一个较为明确的说法，从而在很大程度上影响了本研究对中国电视法治公共领域相关研究工作的开展。因此，本研究认为，我们很有必要在前人有关公共领域研究成果的基础之上，结合中国电视涉法传播具体实践，进一步对中国电视法治公共领域的相关理论问题进行一次较为明晰的探讨。

2.1 公共领域的中国适应性

诚如前文所言，公共领域理论进入中国首先面临的是其在中国的适应性问题。虽然朱英、王笛、黄宗智、梁治平、任剑涛等中国研究者对这一问题从不同角度进行了相应的论证，但仍然停留在对西方公共领域学术话语的简单套用的表象层面，致使这一概念虽然目前已经得到中国学术界的广泛运用,但是仍然在概念、理论的运用上较为模糊,甚至有部分研究者仍狭隘地将哈贝马斯的资产阶级公共领域界定和思想等同于一般的公共领域界定和思想。此种现象的存在,究其根源,无外乎是研究者们未能从本质上对公共领域概念及其理论思想进行正本清源地深入梳理所致。本研究认为,对公共领域的中国适应性问题的研究,从根本上说是对公共领域的本质的研究,而要把握住公共领域的本质,我们非常有必要从词源学分析、现有论述成果分析和东西方不同语境分析三条路径,对其进行更加具体的尝试性再认识和再思考。

2.1.1 公共领域概念的词源学分析

从词源学角度来看,"公共领域"一词主要由"公共"和"领域"两个具体词汇组成,其中"公共"一词一般作为形容词使用,并通常在相关词组结构或语境中发挥着限定语汇的作用,主要具有"属于社会的;公有公用的"[1]意思,其与"私有"相对,是一种作为公共利益的存在,描绘了社会大多数人的共同利益,代表着一个社会利益的最大公约数。从具象角度来看,公共物品、公共财产、公共建筑、公共场所、公共秩序、公共法律、公共道德、公共事务、公共卫生等,可以划分为"公共"的范畴。"领域"一般作为名词使用,主要是指生物生存或活动的空间或者"社会活动的范围"[2],既包括物质的空间,也包括思想、精神活动的空间。比如,家庭是私人的生活空间,公园是人们公共活动的空间,会议室是人们意见交换的空间,网络、电视、广播、报纸、杂志是人们精神交往的空间。由此,我们可以将公共领域界定为:属于社会的、公有公用的社会公众活动的范围。这种范围既包括各类公共设施等物理的公共领域,又包括讨论公共事务的各种精神的空间或场所。

---

[1] 莫衡等主编《当代汉语词典》,上海辞书出版社,2001。
[2] 任超奇主编《新华汉语词典》,崇文书局,2006。

2.1.2 公共领域概念的学术探讨

目前,国内外研究者虽然对公共领域概念依然有着不同的说法,但是不同研究者们却也尝试性地对公共领域做出了不同条件下的界定,或者说我们可以从他们的相关论述中看出其对公共领域的认识。其中,作为公共领域概念的提出者,阿伦特并没有对公共领域做出明确的界定。在她的公共领域认知结构中,人的生命活动主要包括了劳动、工作和行动三项主要内容,其中前两者属于私人领域的范畴,而行动属于公共领域的范畴,公共领域以公共利益为纽带,以城邦为载体,以言语为主要体现方式,是人的存在的重要展现平台[3]。这即是阿伦特的公共领域认知,她不仅强调了公共领域是实现公共利益的重要民主平台,还将其上升成为人的生命活动的重要存在方式,体现出了公共领域的至高无上性和平台神圣性。

作为公共领域理论研究的发扬光大者,哈贝马斯则对公共领域进行了较为明确的学术界定,他认为:"资产阶级公共领域首先可以理解为一个由私人集合而成的公众的领域;但私人随即就要求这一受上层控制的公共领域反对公共权力机关自身,以便就基本上已经属于私人,但仍然具有公共性质的商品交换和社会劳动领域中的一般交换规则等问题同公共权力机关展开讨论。这种政治讨论手段,即公开批判的确是史无前例,前所未有的"[4]。本研究认为,这一界定主要囊括了如下五个层面的意思:其一,公共领域由私人集合而成,因私人集合而存在,当然也就潜在隐含了公共领域是私人利益和公共利益的最大公约数;其二,公共领域作为一个领域,既包括了书报、杂志、广播、电视等精神交往的领域,也包括了诸如咖啡馆、读书会等物理交往的空间,这与词源学

---

[3] 黄月琴:《公共领域的观念嬗变与大众传媒的公共性——评阿伦特、哈贝马斯与泰勒的公共领域思想》,《新闻与传播评论》2008年第1期。
[4] 哈贝马斯:《公共领域的结构转型》,曹卫东、王晓珏、刘北城、宋伟杰译,学林出版社,1999。

分析不谋而合；其三，公共领域受上层建筑控制，这一思想无疑是资本主义对封建主义反抗的产物，具有特定的历史阶段性特征；其四，公共领域要求反对公共权力机关，因为公共权力机关受封建上层建筑所控制，体现了公共领域本身的批判性；其五，公共领域主要讨论的是公共利益相关的事物，具有明确的意见交流针对性，同时也体现了其意见交流的主要功能。毫无疑问，哈贝马斯的公共领域界定呈现了公共领域空间形态、运行机制、主要目的等方面的核心内容，但是却有着"资产阶级"的前提性限制，虽然有利于我们对公共领域形成更加清晰的认识，但是却并非是对一般的公共领域的界定。

作为现代公共领域的代表性人物，泰勒在继承前人有关公共领域核心思想，基于现代大型社会的特点和民主实现要求，摒弃了哈贝马斯公共领域必须是面对面交流的观点以及公共领域必须是批判性的观点，将公共领域发展成为"以公共议题为纽带的公共领域"，而非狭隘的批判性的公共领域，并且将以电视为代表的大众传媒对现代公共领域实现的重要性摆在了至关重要的地位[5]。

根据上述理论思想特别是哈贝马斯的思想，中国研究者陈飞将公共领域界定为"是以在一个共享的空间中聚集在一起、作为平等的参与者面对面地交谈的相互对话的个体观念为基础的，其本质就是为人们提供自由、公共的话语交流的互动平台，即公共话语空间"[6]；顾晓燕则进一步提出了中国的公共领域或者中国公共话语空间，即："是中国正在形成的一个社会领域，在这个领域中，社会成员就公共利益相关事务进行讨论，形成公共舆论并作用于公共权力对公共利益的管理"[7]。

---

[5] 黄月琴：《公共领域的观念嬗变与大众传媒的公共性——评阿伦特、哈贝马斯与泰勒的公共领域思想》，《新闻与传播评论》2008年第1期。

[6] 陈飞：《网络新闻评论与构建公共话语空间的多视角分析》，《青年记者》2007年第3期。

[7] 顾晓燕：《公共话语空间构建中电视传播与网络舆论互动研究》，上海交通大学出版社，2015。

通过以上研究,我们可以发现,公共领域首先还是应当被视为一个由私人集合而成的领域,这个领域既包括物理的形式也包括精神的形式;与此同时,公共领域还是以公共利益为纽带,需要公众具有较强的公共意识;除此之外,公共领域以公共事务、公共议题讨论或者说公共话语为主要呈现内容,这种讨论、话语既可以用批判性的方式也可以用建构性的方式展开,而并非片面地以批判为意见交流的主要方式。

2.1.3 公共领域的东西方不同社会语境

通过以上对公共领域概念的词源学分析和现有学术界定成果分析来看,公共领域从本质上说,是一种基于公共利益的意见交流平台,其目的在于对公共利益的维护。因此,公共领域作为一种客观存在,并非西方社会的专利,而是具有强烈的普遍性意义,在任何时空条件下,只要有公众的存在,就有基于公众的公共利益的存在,也就有着维护公共利益的、客观存在的意见交流空间或社会话语实践空间。当然,同样由于时空条件的不同,不同社会语境下的公共领域表现方式往往也有所不同。

2.1.3.1 西方社会语境下的公共领域

从西方公共领域的历史演变脉络来看,本研究认为,按照时间先后顺序,可以将其归纳为古典型公共领域、代表型公共领域、早期资产阶级公共领域和现代资产阶级公共领域四种类型。

1.古典型公共领域。其为阿伦特所阐述的公/私分立条件下以"高尚政治""自由协商""高度透明""平等多元的公共生活""与普遍民主价值和实践(自由、平等、法治)相一致的公民启蒙"为主要特征的"古典共和主义"式的公共领域[8]。这种公共领域产生的历史背景为古希腊的城邦共和制,

---

[8] 敬海新:《阿伦特的公共领域思想研究》,《攀登》2007年第1期。

特别是雅典的城邦政治实践模式。在该模式下,公共领域主要是指"政治领域",私人领域主要是指"家庭领域",公民(主要是指男性公民,但是不包括广大的奴隶和外邦人)通过公民大会、五百人议事会和陪审法庭等渠道参与讨论、决策公共的政治事务,从而体现人的存在[9][10]。在古希腊的城邦共和制度中,一切权力属于公民的理念得到承认,公民可以通过相应的渠道介入公共领域,这为古典公共领域的实践提供了极为重要的基础性条件。

2. 代表型公共领域。该类型主要是指欧洲中世纪封建统治下的公共领域。在代表型公共领域中,"不存在古典(或现代)意义上的'公共领域'和'私人领域'的对立模式",诸如由国王、诸侯、主教等所参加的各类代表性会议"在民众'面前'所代表的是其所有权,而非民众"[11],这主要是由于欧洲中世纪封建社会的"封建领主所有权"制度的存在,虽然影响巨大,但是并不具有公共领域的公共性、批判性、开放性等显著特征。

3. 早期资产阶级公共领域。该类型为哈贝马斯所谓的资产阶级公共领域或理想型公共领域,主要是指欧洲17、18世纪的公共领域。此种公共领域主要伴随着资本主义经济的兴起和政治的发展而产生和兴盛。由于资本主义经济的兴起,打破了过去传统的"封建领主所有权"制度和封建贵族的统治,代之而起的是以具有较好受教育水平和拥有一定的财产的资本家、小商人、知识分子等组成的市民社会,并且形成了较为严格的"公""私"分界,即国家与社会的分立。这些市民早期通过阅读的手段,并借助俱乐部、咖啡馆、沙龙以及早期的书籍、报刊等,从文学公共领域的建构出发,进而介入了政治公共领域。由于国家与社会的分离,使得公共性具有了现代的意义,并

---

[9] 刘汉超:《论古希腊城邦时期的公共领域与私人领域》,《内蒙古大学学报(哲学社会科学版)》2015年第6期。

[10] 王宝霞:《阿伦特的"公共领域"概念及其影响》,《山东社会科学》2007年第1期。

[11] 哈贝马斯:《公共领域的结构转型》,曹卫东、王晓珏、刘北城、宋伟杰译,学林出版社,1999。

且良好的受教育水平和一定的财产，使得作为资产阶级公共领域参与主体的市民能够保持严格的自律和理性，能够以独立、批判的态度与公共权力展开讨论，进而达到约束公共权力的目的。

4. 现代资产阶级公共领域。该类型主要是指随着市场经济的扩张，特别是由于1897年欧洲经济大萧条以来，自由主义市场经济模式开始受到限制，代之而起的是国家对经济和社会的全面介入，由此出现了"国家社会化"和"社会国家化"的"公共领域与私人领域的融合趋势"，加之选举权的全面普及、现代大型社会的不断发展和信息传播技术的不断更新，使得整个资产阶级公共领域在结构上出现了重大的变化[12]。在一个如此庞大的大型现代社会体系中，公共媒介在现代公共领域的建构中的积极作用得到了更好的体现，即大众传媒以无远弗届的"电子广场"的形式，将广泛的、零散的公共领域参与个体聚合在一起，并以公共事务为探讨对象，遵循公共性的基本原则，从而实现以"公共议题为纽带"的现代公共领域的建构[13]。

2.1.3.2 东方社会语境下的公共领域

在中国，《礼记》一书中即提出了"大道之行也，天下为公。……故人不独亲其亲，不独子其子"的思想观点，其中的"天下为公""不独亲其亲""不独子其子"可以视为"公"的范畴，而"亲其亲""子其子"则可以视为"私"的领域。这反映了当时社会背景下人们对"公"与"私"的基本认知。但是与古希腊时期的古典型公共领域相比，中国有关公共领域的实践无论是在理论还是实践层面，均不可同日而语。

在随后上千年的漫长封建社会阶段，中国的公共领域也仅仅停留在与西方相类似的代表型公共领域之中，无论是朝堂的廷议，还是封建官僚集团的议事，均逃脱不了哈贝马斯所言的"代表的是其所有权，而非民众"的话语

---

[12] 敬海新：《阿伦特的公共领域思想研究》，《攀登》2007年第1期。
[13] 黄月琴：《公共领域的观念嬗变与大众传媒的公共性——评阿伦特、哈贝马斯与泰勒的公共领域思想》，《新闻与传播评论》2008年第1期。

范畴。这主要是中国封建社会"普天之下,皆是王土,四海之内,皆是王臣"的社会特征所致。

到了近代,伴随着上千年的封建社会体制的解体、民族资本主义的发展和中国被动地打开国门,中国已经开始出现了现代意义上的公共领域雏形。比如,在北京、上海和湖南等地,报纸、学会、学堂极为兴盛[14]。借助于公共话语平台,以康有为、梁启超、王韬等为代表的知识精英分子,积极讨论国家大事、传播新知识新思想,对于推动近代中国的变革起到了积极的作用。1912年以后,以"国民大会"为主体的中国资产阶级公共领域体系逐步形成,但是在国民党集权体制不断强化和军阀混战、外敌入侵等背景下,中国的资产阶级公共领域并未得到良好的发展,最终走向了瓦解。

中华人民共和国成立之后,以人民代表大会、政治协商会议为主体的社会主义公共领域体系建立了起来,囊括了政治、经济、文化等社会各个领域的代表,共同参与国家事务的讨论,以报纸、广播为主体的传媒公共领域也在其中起到了凝聚社会共识的重要作用。但是,由于受高度集中的计划经济体制和"无产阶级专政"意识形态的影响,这一时期的社会主义公共领域并未发挥出应有的公共议题理性讨论的功能,特别是在"文革"时期更是遭到了严重的破坏。

改革开放以后,伴随着中国社会主义市场经济的发展和民主政治的推进,中国的社会主义公共领域有了多元化利益格局的经济基础,公民公共意识也有了显著提高,这些为社会主义公共领域的恢复和发展奠定了良好的条件。10余年来,伴随着互联网的快速崛起,中国的公共领域平台得到进一步丰富,公共讨论也更加活跃,在推动公共问题解决和社会秩序有序重构中起到了更加重要的作用。

---

[14] 许纪霖:《近代中国的公共领域:形态、功能与自我理解——以上海为例》,《史林》2003年第2期。

2.2 从公共领域到中国电视法治公共领域

在发现并承认公共领域的客观普遍存在性的同时，我们也应当看到，作为一个宏观的精神交往空间，公共领域还可以因内容指向、实现载体的不同，而有着不同的具体类型。在哈贝马斯的《公共领域的结构转型》一书中，其提出了文学公共领域、政治公共领域等诸多细分公共领域类型。由此衍生开来，我们可以发现，在文学公共领域、政治公共领域之外，还存在着诸如社会公共领域、经济公共领域、教育公共领域、科技公共领域、法治公共领域等不同内容指向的公共领域。从实现载体来看，公共领域既可以通过沙龙、咖啡馆、协会、读书会等物理渠道得以实现，也可以通过书信、书籍、报刊、广播、电视等精神载体而畅通运行。

中国电视法治公共领域就是在中国这一特定的空间语境下，由法治公共领域与电视公共领域相结合而产生的交叉公共领域，是中国公共领域、公共领域的重要具体类型之一。其中，从内容指向上看，中国电视法治公共领域属于法治公共领域的范畴。哈贝马斯的"沟通主义"法哲学观和交往行动理论认为，法律要取得自身的合法性，除了自身必须要运作规范、科学之外，还必须建立在立法、执法与司法等各个领域和各个环节与公民广泛的交流和沟通之上，如此方能使公民"把自己理解为他作为承受者所要服从的法律的制定者"[15]。这种对法治的沟通需求的强调，从理论角度凸显了公共领域对法治发展的重大意义。从实现载体上看，中国电视法治公共领域属于电视公共领域的范畴。而电视作为"使用电子技术传输图像和声音的现代化传播媒介"[16]，集声音、影像、文字、色彩等多种传播符号于一体，以节目为基

---

[15] 哈贝马斯:《在事实与规范之间——关于法律和民主法治国的商谈理论》，童世骏译，生活·读书·新知三联书店，2003。
[16] 赵玉明、王福顺主编《广播电视辞典》，北京广播学院出版社，1999。

本内容单元，以线性传播为重要传播特征，有着区别于报刊、广播、网络等传播渠道的独特个性特征，并因其声像兼具、覆盖面广等优势而在社会中有着极为广泛的影响，由此建构出了具有电视特色的独特公共领域。有鉴于此，并结合前文的分析，本研究认为，将中国电视法治公共领域进行如下的界定较为合适，即：在中国这一特定的空间语境下由电视所提供的一个开放性公共话语空间，在这个空间里，社会广大成员就法治相关的公共事务聚集在一起，依据平等、自由、公共、理性等基本原则，按照电视特有的话语表达方式，进行多元化的观点表达和意见讨论，形成法治公共舆论，并作用于公共权力在法治的轨道上对公共利益的管理。

2.3　中国电视法治公共领域的结构

由中国电视法治公共领域的界定延伸开来，本研究发现，其主要包含了以下两个层面的结构性内容：

2.3.1　要素结构

1. 空间载体。所谓载体，主要是指"具有承受、负载作用的物体"[17]，既可以是实物形态的载体，亦可以为虚拟形态的载体。任何事物均有其所依附的载体，比如软件以光盘为载体。同时，载体又具有相对性的特征，软件本身也是作为一种载体而存在，负载着各种计算机应用的程序或者各类思想文化作品内容。同理，中国电视法治公共领域也具有载体的此种相对性的特征。一方面，中国电视法治公共领域在整体上必须依托于一定的空间载体

---

[17]　韩明安主编《新语词大词典》，黑龙江人民出版社，1991。

而存在，这一载体即为电视这一传播媒介，或者说由电视生产、传输和接收所形成的声光影空间，既包括电视传播机构自身的内容生产平台和声光影传输平台，又包括了电视接收者所拥有的电视机接收终端；另一方面，中国电视法治公共领域还必须依托于负载声光影空间的电视基本内容单元——节目而得以存在。在这里，所谓的电视节目，主要是指按照预先的意图和一定的影视传播符号使用规则所形成的电视内容播出的基本单元，"有明确的宗旨和方针，特定的名称、内容取向、表现风格，有一定的时间长度和播出时间"[18]。根据表现内容的不同，节目可以分为新闻节目、综艺节目、服务节目等；根据表现手段的不同，节目可以分为直播节目、录播节目、主持人节目、访谈节目、纪实节目等。这些不同内容指向、不同表现手段及两者的组合所形成的声光影空间，即为中国电视公共领域的基本空间载体。由此可见，中国电视法治公共领域的空间载体即是指电视及具有强烈内容指向的电视法制节目。

2. 参与主体。中国电视法治公共领域有了承载的空间，随之而来的即为进入这一空间的参与主体，如此方能驱动中国电视法治公共领域进入实际运行的状态。从总体上看，中国电视法治公共领域的参与主体主要包括了作为中国电视法治公共领域建构者的电视媒体，作为平台话语主体的主持人、嘉宾，以及作为社会公众的受众等社会各个方面的广泛主体。其中，虽然主持人、特定嘉宾是中国电视法治公共领域的常设性参与主体，但是作为社会公众的受众的参与，在很大程度上体现了中国电视法治公共领域对参与主体的根本性要求，因为只有广泛的公众参与才能体现中国电视法治公共领域对公共利益的代表性。从传播学角度来说，作为社会公众的受众主要是指"一对多的传播活动或受传者"，比如"广播电视的收视者""网络媒体的用户""报纸刊物的读者"等[19]。作为大众传播的对象，受众已经经历

---

[18] 方毅华：《节目构思与分析》，中国广播电视出版社，2009。
[19] 郭庆光：《传播学教程》，中国人民大学出版社，2011。

了从早期的被动接受型受众到后来的选择接受型受众再到目前的主动参与型受众的巨大转变。从社会学角度来看，受众由于自身角色的复杂性，又可以分为作为社会成员的受众和作为消费者的受众等。毫无疑问，电视法治公共领域中的参与主体既是参与型的，更是作为社会成员的受众而存在，并且主要体现在其"公民"的身份之上。有研究者指出，"公民"一词，在现代社会"不仅是一个法律上的术语，它更是现代民主政治的产物，是基于维护个人权利和人民主权原则的现代宪政体系中的核心概念"[20]。在世界范围内，作为公民的受众，其所拥有的权利无不包含了生存与发展权、自由言论权、民主监督权等。这里需要指出的是，公民的概念极为宽泛，只要一个人拥有一国的国籍，就属于该国的公民；只要心智健全并且符合法律的要求，就可以参与公共事务的讨论。换而言之，中国电视法治公共领域的参与主体极其广泛，包括了拥有中国国籍并且心智健全的全体公民，而不是某一特定的社会群体。

3. 空间话语。话语是指"通过对同一事物不同表达所形成的陈述系列""对同一事物陈述不同，自然与主体自身的立场、观点与方法有关，更与其所处的社会关系有关"，受到"政治因素""真理意志"和"社会控制"等诸多因素的影响[21]。也正因为此，对话语的分析，不仅要对文本本身的构成要素及结构特征进行分析，还涉及到对传者、受众的阶层属性、知识结构、意识形态等方面的分析[22]。当然，对文本的分析仍然是话语分析的主体，并且我们可以通过对文本的分析透视话语背后的影响因素。从文本角度来看，中国电视法治公共领域的话语主要是指各类涉法相关电视节目话语，是由包括主持人、采访对象、嘉宾、参与观众所发表的系列陈述言论、意见和建议所构成的陈述整体，是中国电视法治公共领域所呈现的主要内容，也是其作用

---

[20] 林晖：《受众·公民·消费者》，《新闻大学》2001年第1期。

[21] 杨生平：《话语理论与中国特色社会主义话语体系构建》，《中国特色社会主义研究》2015年第6期。

[22] 托伊恩·A.梵·迪克：《作为话语的新闻》，曾庆香译，华夏出版社，2003。

与功能、发展水平极为重要和集中的体现。这里同样需要注意的是，中国电视法治公共领域的话语属于法治话语的范畴，不管是其中的精英话语还是平民话语，都不应当脱离法治的主题。同时，中国电视法治公共领域的话语还应当符合电视话语的表达特征，比如通俗性、生动性、形象性等。并且，中国电视法治公共领域的话语还是法治话语和电视话语相结合的独特话语表达体系和方式，既讲求通俗、生动、形象，又必须保持必要的严肃性、严谨性和逻辑性。此外，我们还必须注意，与话语的演变特征一致，电视法治话语同样也是"社会的产物"，受到"特定社会经济与社会整体状况发展"的影响，特别是国家法治建设的实践的影响，并且因历史语境的不同而呈现不同的特征。

4.话语规则。公共领域以维护公共利益为基本原则，中国电视法治公共领域同样也必须坚持公共利益至上或者说公共性的基本原则。公共利益与私人利益相对，它既不是私人利益的总和，也不是某种神圣的东西，而是协调个人与个人之间、个人与组织之间、组织与组织之间、社会与政府之间利益冲突的一种机制，是"最大多数人的最大的利益和幸福"[23]。这种利益包括了人身、财产、安全、环境、教育、医疗、交通等各个方面的物质或精神上的利益。对于电视法治公共领域而言，其所追求的公共利益或者说法治公共利益就是人与人之间关系的和谐，以及社会秩序的规范有序，确保每个公民都处于安全的生存与发展状态之中。在这里，电视法治公共领域的参与主体通过围绕立法、执法和司法等各个领域的法治问题的探讨，进而生成法治公共舆论，达成法治共识，并通过人大、政府等公共权力机关，对公共利益予以确认和维护。因此，在电视法治公共领域的诸多要素之中，公共利益是各参与主体参与该领域、生成电视法治公共话语的最终指向，公共理性原则是中国电视法治公共领域运行的基本原则，不管是对领域内的参与主体，还是对电视法制节目运行，均具有极为重要的规范性作用。一旦离开了公共利益的因子，

---

[23] 杰里米·边沁：《政府片论》，马兰译，台海出版社，2016。

离开了公共利益至上原则或者公共性原则,电视法治公共领域也就丧失了理论和实践的支撑。另一方面,我们也必须注意到,公共利益并非一成不变的事物,而是由于时代条件的不同而有所改变。比如,在过去,中国人口快速增长但国家所拥有的资源相对有限的时代条件下,计划生育即为公共利益的所在;而在今天中国人口老龄化问题日趋严峻的时代条件下,推行二孩政策也是为了满足公共利益的需求。因此,中国电视法治公共领域的公共利益至上或者公共性原则也必须随着时代的变迁而生成新的内涵。

2.3.2 功能结构

结构功能主义理论认为,"社会是具有一定结构的系统,社会的各组成部分以有序的方式相互关联,并对社会整体发挥着必要的功能"[24],由此维护着社会的稳定与平衡。从东西方学者特别是哈贝马斯对公共领域的界定,我们还可以看出,公共领域从根本上主要起到的是维护公共利益的功能,以及体现人的社会存在的功能,而在具体层面上则主要承担的是"讨论"的功能。对此,我们可以更加明确地将这种讨论称之为公共意见交流功能。然而,公共意见交流必须具有特定的内容指向,否则此种功能将会变为无源之水、无本之木,脱离了社会实践的肥沃土壤。这种内容指向主要是指前文哈贝马斯所言的"具有公共性质的商品交换和社会劳动领域中的一般交换规则等问题"[25],或者中国研究者顾晓燕所提出的"公共利益相关的事务"[26],我们可以进一步将其简化并明确称之为公共议题。并且,这种特定的内容指

---

[24] 廖盖隆、孙连成、陈有进等主编《马克思主义百科要览下卷》,人民日报出版社,1993。

[25] 哈贝马斯:《公共领域的结构转型》,曹卫东、王晓珏、刘北城、宋伟杰译,学林出版社,1999。

[26] 顾晓燕:《公共话语空间构建中电视传播与网络舆论互动研究》,上海交通大学出版社,2015。

向还必须通过公共领域予以呈现出来。因此，公共领域还必须具有另一方面的重要功能，即公共议题呈现的功能。由此可见，一个完善的公共领域在功能结构上必须既具有意见交流的功能，又必须具有议题呈现的功能。中国电视法治公共领域主要以法治的视角、法律的视角审视并维护社会公共利益，特别是与法治有关的社会公共利益，同样也具有法治公共意见交流和法治公共议题呈现两大主要的功能，两者相互依存、相互作用，共同确保了这一领域的功能结构的稳定性与完整性。

与此同时，我们还必须注意到，作为一个精神交往的领域，公共领域针对社会中存在的有关公共利益的公共议题展开讨论，从而推动社会公众针对公共利益相关的问题达成最大程度的共识，生成相应的公共舆论或者公众舆论，进而影响公共领域之外的其他社会系统朝着有利于公共利益实现的方向发展。然而，不管是公共领域的本质性功能还是直接性功能，都有着自身的边界。从根本上说，公共领域所起到的作用主要是意识形态建构的作用，而非直接介入与公共利益有关的社会问题的解决之中。就中国电视法治公共领域的建构而言，就是主要要求其具有法治公共议题的呈现和法治公共意见的交流的双重功能，在全社会形成有关法治公共问题的意见共识。而对于这样的法治公共共识或者法治公共舆论，则需要立法机关对相应的法律法规予以立法、修改或者废除，需要执法机关、司法机关去更加公开、公平、公正地严格执法或者司法，需要广大社会公众具体而微、身体力行地去认真遵从，而不能由中国电视法治公共领域直接介入，否则必然引发"媒介审判"等诸多异化现象，不仅不利于中国电视法治公共领域自身机制的顺畅运行，还会造成中国电视法治公共领域与其他社会系统之间关系的紊乱。

2.4 中国电视法治公共领域建构的前提

根据阿伦特、哈贝马斯等人对公共领域研究、论述，公共领域的运行必须具备一定的前提条件，才能得以正常运行和不断发育。比如，阿伦特所提出的"民主"基础、"公/私"二元对立观等，亦比如，哈贝马斯所提出的国家与社会的严格分离、必要的财产和受教育水平等，即为对此种前提条件的探讨和描述。中国电视法治公共领域作为公共领域的一个细分领域，同样也必须具备一定的前提条件，以此确保其作为一种社会机制而顺畅运行。通过对阿伦特、哈贝马斯的公共领域前提条件的辩证分析，并结合中国电视法治公共领域自身的特定实践环境，本研究认为，中国电视法治公共领域的建构必须具有如下三个方面的前提：

1."公"与"私"的客观存在。作为较早提出公共领域概念的德国思想家阿伦特，已经注意到了"公"与"私"的客观存在对公共领域机制运行的重要性。根据阿伦特的观点，所谓"公"即是指人们的"共同生活"，而"私"则是指公众作为个体的私人生活，是个人"谋生、维持生命进程的活动"，包括个人的家庭生活[27]。虽然后来的哈贝马斯将阿伦特提出的"公"进一步等同于了"国家"，将"私"等同于了"社会"[28]，但这种将"公"与"私"的客观存在作为公共领域机制运行的前提的观点依然没有得到丝毫的动摇。事实上，根据社会契约论的观点，人类社会生活主要由"公"与"私"两部分组成，每一个社会个体都有在不损害他人合理生存与发展利益的前提下追求自身生存与发展的权利，这即是人类社会中"私"的部分；与此同时，为了使自身的生命、财产和政治自由等获得更好的保障，公民则让渡出了自己"自然状态下的自由"，

---

[27] 王宝霞：《阿伦特的"公共领域"概念及其影响》，《山东社会科学》2007年第1期。
[28] 哈贝马斯：《公共领域的结构转型》，曹卫东、王晓珏、刘北城、宋伟杰译，学林出版社，1999。

并通过建立符合公共性的社会规则和国家权力对公共社会规则的执行来实现这种保障机制,这即是人类社会中"公"的部分[29]。当然,公民虽然让渡出了"自然状态下的自由",且产生了法律等社会规则和政府等公共权力机关,但是并不代表公民对公共事务置之不理,而是要通过公共舆论甚至是"反抗"的力量确保公共权力在维护公共利益的轨道上运行。中国电视法治公共领域正是这种确保立法、执法、司法等各种公共权力活动沿着服务公共利益轨道运行的一种重要机制,理所当然地也必须以"公"与"私"的客观存在为首要的运行前提。

2. 良好的私人财产与教育水平。哈贝马斯认为,在资本主义社会中,"资产阶级私人的社会地位本来就是具有财产和教育双重特征"[30]。实际上,不仅资产阶级公共领域的正常运转需要良好的财产和受教育条件,任何社会的公共领域的正常运转都需要以此作为重要的前提。因为,拥有充足的私人财产,才能确保私人有满足自身及其家人生活必需的物质条件,从而使其能够不必长期性地受高强度的生存劳动所桎梏,并确保其有足够的时间和意愿去了解公共事务、参与公共问题的探讨;与此同时,公共领域作为一个公众意见交流的领域,从理论上说一切具有正常智力条件的公众都有参与的权利,但是并非都具有参与的能力,因为参与公共领域的意见交流需要参与主体具备"独立意识""政治批判意识"和相关的认知思考能力及知识储备,以确保公共领域达到应有的理性要求,而非简单的情绪宣泄,这一切就必须依靠系统的文化教育方能达成。特别是对于中国电视法治公共领域而言,其对参与主体的受教育水平特别是法治素养的要求往往相对更高,因为法治尤其是其中的法律,往往具有较多的专业术语、逻辑思辨,如果不能较好地理解其中的知识内涵或者大意,则无法解码法治公共议题、编码法治公共话语。因此,中国电视法治公共领域同样也必须以公民良好的财产条件和

---

[29] 张柏然主编《英汉百科知识词典》,南京大学出版社,1992。
[30] 哈贝马斯:《公共领域的结构转型》,曹卫东、王晓珏、刘北城、宋伟杰译,学林出版社,1999。

受教育水平作为重要的运行前提。

  3.民主自由的社会氛围。无论是阿伦特，还是哈贝马斯，在他们的公共领域论述中，都隐含着民主这样一个基本的前提条件。的确，如果没有一个民主自由的社会氛围，即便是具有"公"与"私"的客观存在性，即便公众有着较好的财产与受教育条件，公共领域的建构也缺乏外部良好的条件，这可以从东西方封建社会的代表性公共领域中看出。中国自1978年拉开改革开放大幕以来，在"真理标准大讨论"和西方思想的驱动下，民主自由的社会氛围变得日趋活跃。特别是2012年召开的中国共产党第十八次全国代表大会，明确提出了"富强、民主、文明、和谐、自由、平等、公正、法治、爱国、敬业、诚信、友善"的24字社会主义核心价值观，更是吸收古今中外思想所长，将民主自由的社会发展理念提升到了民族精神的高度。而在法治公共领域建设方面，中国不仅将"法治"作为社会主义核心价值观体系中的一种重要观念，还在中国共产党第十八届中央委员会第四次全体会议上明确提出了立法、执法、司法等各个方面与社会沟通的要求。特别是在立法方面，这次会议指出要"健全立法机关主导、社会各方有序参与立法的途径和方式"；要"拓宽公民有序参与立法途径，健全法律法规规章草案公开征求意见和公众意见采纳情况反馈机制，广泛凝聚社会共识"。这些政策性的文件，不仅承认了包括中国电视法治公共领域在内的中国法治公共领域的重大作用，而且也为中国电视法治公共领域的建构与发展提供了有利的民主自由社会氛围。

2.5 中国电视法治公共领域发展的衡量标准

考察任何社会、任何历史时期的公共领域发展水平,均必须具有一定的标准。在哈贝马斯看来,资产阶级公共领域发展程度的衡量标准主要包括了国家与社会是否严格分离、公共领域内部讨论的自由度以及批判性话语是否在公共领域得到充分的实现。据此,他对早期资产阶级公共领域持高度肯定的态度,而对进入福利国家阶段的现代资产阶级公共领域则持否定的态度,认为这是公共领域的"再封建化"。相反,泰勒则认为国家与社会的严格分离、批判性话语是否在公共领域得到充分的实现并非衡量公共领域发展程度的关键,而公共议题是否得到充分讨论才是问题的核心,他有力肯定了进入福利国家阶段的现代资产阶级公共领域的合理性。中国研究者王潇汲取二者精髓,认为"参与成员的平等性、议题讨论的开放性、参与成员的广泛性"[31]是衡量公共领域的主要依据。综合前文分析以上观点,并结合中国电视法治公共领域自身的特征,本研究认为,载体的扩张性、平台的开放性、参与的平等性、话语的公共性是衡量中国电视法治公共领域发展水平最为主要的标准。

2.5.1 载体的扩张性

载体,即前文所称的空间载体,是中国电视法治公共领域的基本依托。载体的扩张,意味着中国电视法治公共领域得到扩张;载体的限缩,则意味着中国电视法治公共领域受到压缩。从宏观的电视行业层面看,中国电视台数量的多寡,决定了中国电视法治公共领域可以发展的空间,也决定了其可以发挥社会影响力的空间。从微观的电视节目层面来看,电视法制节目在一家电视

---

[31] 王潇:《党的"耳目喉舌"和公共话语空间——〈人民日报〉评论版的双重角色建构》,《传播与版权》2015 年第 1 期。

台的地位、数量、形态和质量等因素,决定了中国电视法治公共领域整体的扩张程度。其中,从地位标准来看,电视法制节目作为一种节目类型,其在一家电视台中的受重视程度,往往对其扩张性具有决定的作用,受重视程度高,往往意味着此类节目能够得到较好的发展,意味着电视法治公共领域能够得到更好的建构。从数量标准来看,虽然这一观察维度并非衡量一家电视台的电视法治公共领域发展的关键指标,但是如果该家电视台仅有极少甚至没有电视法制节目,相应的电视法治公共领域的建构当然也就无从谈起。从形态标准来看,节目形态的不断细分、不断创新、不断丰富和完善,往往表明一家电视台的电视法制节目具有较强的发展活力,反之则意味着形态的陈旧。从质量标准来看,如果一家电视台在电视法制节目类型上制作精良、创意独特,往往意味着其电视法治公共领域的质量水平较高,当然也就易于得到受众的青睐,从而能够在社会上产生较高的影响力。由此可见,电视行业的发展规模和电视法制节目的地位、数量、形态和质量,可以作为观察中国电视法治公共领域扩张性的重要标准,而这种扩张性,又从一个方面整体上体现着中国电视法治公共领域的基本发展水平。

2.5.2 平台的开放性

平台的开放性作为中国电视法治公共领域发展水平的另一重要衡量标准,是公共领域本身的开放性特征和要求的重要延伸,主要是指电视涉法传播平台特别是电视法制节目平台面向所有公民开放的程度。较高的平台开放性,能够使作为公民的所有受众最大限度地参与到节目传播的过程之中,最大程度地满足公民参与法治公共议题讨论,尽可能充分地交流有关法治公共议题意见。在这里需要指明的是,从民法学角度来说,"所有公民"可以指拥有中国国籍,并根据中国法律规定享有权利和承担义务的全体国民。当然,从公共领域的视野来看,由于参与公共领域需要参与主体具备基本的智力条件,因此中国电视法治公共领域的公民还应当是智力健全的、具有"完全民事行为能力"的公民,以确保其以理性的判断参与法治公共事务的讨论。尽管从理想角度来说,拥有必要的财产、受过良好的教育,有助于增强中国电视法治公共领域的理性化程度,提升相应的意见交流水平,但是向所有智力健全并具有"完全民事行为能力"的公民开放依然是中国电视法治公共领域发展的根本基础。事实上,在东西方公共领域的漫长发展历程中,并非具有理性判断能力的公民一开始就获得了参与公共领域的资格的。在古希腊时期,大量的奴隶、外邦人就被排除在了公共领域之外。而在东西方的封建时代,公共领域也只是权贵阶层的小圈子活动,平民根本无法获得公共领域的参与权。即便是在哈贝马斯的资产阶级公共领域话语体系之内,受过良好教育、拥有必要财产也是参与公共领域的前提条件,平民公共领域根本不值一提,全民普选更是对资产阶级公共领域的破坏。只有到了现代社会,以"公民"为参与主体的公共领域概念才得到社会的广泛承认。特别是在中国,自1949年中华人民共和国成立以来,"国家的一切权力属于人民"早已成为了国家政治话语的核心表述和国家政权合法化的基本前提。在此背景下,中国电视法治公共领域的参与主体也就理应是一切智力健全、具有"完全民事行为能力"的全体公民,并且必须利用一切手段面向全体公民开放。这不仅是中国电视法治公共领域建构的本质要求,还与电视作为大众传播平台的基本规律一致。

2.5.3 参与的平等性

在有关"平等"的理论谱系中,"存在的平等""法律-政治平等""前途向才能开放的机会平等""拉平社会境况的机会平等""拉平社会境况和自然禀赋的机会平等""福利平等"属于其中最为主要的内容[32]。中国电视法治公共领域的参与平等既是一种存在的平等、法律地位和政治地位的平等,

---

[32] 李石:《平等理论的谱系——兼论平等与自由的关系》,《哲学动态》2016年第10期。

又是一种法治话语表达机会的平等，即在中国电视法治公共领域中，不管是作为"意见领袖"的参与嘉宾，还是作为普通公众的节目参与者，都应当有平等发表意见的权利和机会，并且其所发表的意见都应当得到应有、合理的尊重。尽管以福柯为代表的权力话语理论认为，话语并非符号的简单组合，而是权力驱动下的"话语实践"，由于话语主体的社会地位、经济地位、知识地位等的不同，不同话语主体往往有着不同的话语权力[33][34]，但是作为中国电视法治公共领域建构主体的电视传媒、电视法制节目，依然具有本着客观、中立的原则合理化分配空间内的话语权力的权利和义务，以使参与其中的个人或组织均拥有平等发表意见的机会，进而使得各种不同的意见能够得到充分地表达，最终有效体现这一领域的作用与价值。比如，在男女不同性别之间，在坚持男女平等的前提下，特别注意对女性法治话语权力的保护；在不同年龄之间，在坚持人人平等的原则下，特别注意对未成年人法治话语权力的保护；在不同社会阶层之间，特别注意对农民工等社会弱势群体法治话语权力的保护；在不同受教育群体之间，在发挥法律专家"意见领袖"功能的同时，更加注重普通社会成员的法治话语表达等，均是中国电视法治公共领域建构主体合理化分配法治话语权力、实现参与平等性的重要手段。并且，只有以这样一种人人都有发言权、发言机会的机制，方能在保持平台开放性的基础上，创造更加有利的条件，进一步调动社会全体公民积极参与法治公共议题的讨论，并以这种有力的方式激发中国电视法治公共领域的活力。

---

[33] 李智:《从权力话语到话语权力——兼对福柯话语理论的一种哲学批判》,《新视野》2017年第2期。

[34] 保建云:《社会成员话语权分布平衡性衡量——兼析社会成员话语权演变的经济动因》,《中国人民大学学报》2015年第2期。

2.5.4 话语的公共性

正如前文所言,法治话语是中国电视法治公共领域的重要构成要素和主要呈现内容。然而,由不同背景进入中国电视法治公共领域的参与主体所表达的法治话语,最终维护的主要是公共利益。因此,公共性原则成为中国电视法治公共领域实践的根本原则,公共性也因此成为中国电视法治公共领域的关键特征。围绕公共性,哈贝马斯在其《公共领域的结构转型》第四章"资产阶级公共领域:观念与意识形态"中予以了重点论述。从中我们可以归纳出包括中国电视法治公共领域在内的公共领域的"公共性"基本内涵,即:1.作为伦理的公共性,主要是指一种道德规范的基本原则,是公众日常生活的一种价值追求、意识形态或思想观念。2.作为社会规范的公共性,主要是一种诸如正义、公正等基本原则所建构起的社会秩序、法律秩序,是社会运行的"自然秩序"和客观法则。3.公共性以理性为前提条件,坚持"理性就是力量",以理性作为实践形式。4.公共性的实现以保障"多数原则"、满足"普遍利益"为衡量标准。5.公共性与公众舆论紧密相连,二者均需遵循理性法则和幸福要求。6.公共性的功能在于保障公共领域作用的实现,能够消除公共领域中个人的统治[35]。就中国电视法治公共领域的话语生成机制而言,其按照先后顺序主要遵循议题提出、意见表达、观点交锋、达成共识这样一个基本过程。在此过程中,公共性无疑起到了极为重要的调节功能。比如,在话题设置阶段,不管是对于宏大的法治理论话题,还是微观的法治事件,均必须符合公共性的特征。又比如,在意见表达、观点交锋、达成共识的阶段,不同的参与主体同样也必须基于公共性的原则表达各自的意见,反驳或补充对方观点并最终达成多数人的共识,而不能裹挟个人的私利,影响法治对符合多数人利益的公平、公正原则的维护。相反,一旦中国电视法治

---

[35] 哈贝马斯:《在事实与规范之间——关于法律和民主法治国的商谈理论》,童世骏译,生活·读书·新知三联书店,2003。

公共领域的话语表达脱离了公共性原则的轨道，则将会导致私利意见的横行和非理性、情绪化的话语表达，进而导致难以达成以公众舆论为表征的意见共识，最终则将导致参与主体通过中国电视法治公共领域作用于公共利益维护机制的阻塞。由此，本研究认为，话语的公共性，应当被作为观察中国电视法治公共领域发展水平的又一极其重要的衡量标准。

3 中国电视法治公共领域的开创与"记录体"的确立

诚如有研究者所言,任何一种媒介形态的诞生,都是"特定社会结构的产物"[1],都与特定时空环境下的社会环境、法治环境、媒介环境密切相关。探索期的中国电视法治公共领域与改革开放初期的中国社会环境紧密勾连、与加快推进的中国法治建设相互适应、与蓬勃向上的中国电视改革同步前行,并由此开拓出了一片崭新的公共领域。

1999年1月2日,在央视一套的午间时段,一档名为《今日说法》的电视法制栏目正式播出,迅速引起了无数中国电视观众的广泛关注。可以说,在迄今为止数以百计的电视法制节目集群中,《今日说法》已经成为电视法制节目最为主要的标志,其象征意义、话语地位无出其右。

然而,殊不知,在《今日说法》之前,中国电视法制节目的发展历史已经走过了漫长的18年。正是这18年里的艰难探索和曲折经历,成就了《今日说法》的"一鸣惊人"。这一时期,作为中国电视法治传播代表性力量的央视,从对"林彪、江青反革命集团案"的"原汁原味"的呈现,到《观察与思考》所播出的《冯大兴的下场》所引起的社会轰动,再到《焦点访谈》在法治框架下不成熟的"介入式"传播,以至《社会经纬》所探索的故事化"记录体"的最终定型,每一次的行动无不是一场历经阵痛的创造性实践。

---

[1] 常江:《中国电视史(1958—2008)》,北京大学出版社,2018。

媒介是天然的公共领域，节目是电视媒介实践公共领域功能的根本依托。尽管这18年里的中国电视法制节目实践，主要是基于"普法"的话语框架、话语逻辑而展开，但是其法治公共领域的意义却客观存在，并且不容忽视。正是在此类型节目的推动下，一个法治观念淡薄的中国迅速发生了改变，公民关注法治、关心法治、遵从法治的基本意识形态因此得以快速形成。

值得注意的是，探索期的中国电视法治公共领域是中国传媒实践独有的创举。其中的原因，主要在于经历了上千年封建统治和"文革"破坏的中国，不仅社会秩序正迎来巨大的解构与重构，公民的法治意识还极为淡薄。在这样的社会土壤上，中国电视法治公共领域应运而生，并以虽不成熟但却极为独特的方式在这一时期的中国发挥出了重要的作用，这可以说是区别于西方社会的独特媒介景观和现象。

3.1 开创期中国电视法治公共领域的建构语境

3.1.1 逐步演替的社会转型

广义的社会主要是指"以共同的物质生产活动为基础而相互联系的人类生活共同体，是人们交互作用的产物"[2]，包括政治、经济、文化、社会等各个方面的内容；狭义的社会则与"民生领域"概念相近，主要是指与民众衣、食、住、行、就业、医疗、安全等相关的领域和空间，是广义社会的重要组成部分。从广义的大社会视角来看，开创期的中国电视法治公共领域产生并发展于逐步推进的社会转型之中。此种社会转型的逻辑为：以"真理标准问题大讨论"为思想起点，以"改革开放"为顶层设计，通过"农村联产承包责任

---

[2] 时蓉华:《社会心理学词典》，四川人民出版社，1988。

制""城市经济体制改革'扩权'试点"和"兴办经济特区"等社会经济关系的重大转变为基础，逐步确立"社会主义市场经济"的发展方向，并配套相应的政治改革、法治建设，从而将过去"以阶级斗争为纲"的社会运行模式切换到"以经济建设为中心"的轨道上来[3]。

在上述背景条件下，中国社会开始了逐渐的全方位转型。一方面，由于国家"以经济建设为中心"的战略思路的确立，使得这一时期的国民财富出现了较快的增长，人均GDP由1978年的346美元上升到了1998年的828美元，增幅超过一倍；另一方面，伴随着城乡经济体制的改革，"以公有制为主体，多种所有制经济共同发展"的经济所有制结构得以确立和成长，既打破了过去计划经济体制下的单一公有制经济运行模式，又颠覆了既往的"工人、农民、干部"基本社会阶层结构，形成了包括工人、农民、干部、私营业主、个体工商户等在内的更加多元化的社会阶层[4]。与此同时，自1977年恢复高考以来，在20年左右的时间里，中国已经培养了超过千万人规模的接受过高等教育的公民。由此，中国社会已经具备了公共领域建构的基本条件：参与者必要的财产条件和受教育条件。除此之外，伴随着改革开放的持续推进，传统的"全能型政府"社会管理模式被打破，公民依附于"集体""单位""政府"的生活模式不断消解，人与人之间的关系的协调逐渐由政府主导变为了契约协作，这在客观上形成了不同于计划经济时代的国家与社会的适度分离，为公共事务的产生、公共管理的出现创造了必要的生存空间，从而促使了具有中国特色的公共领域的生长。同时，由于社会阶层变得多元化、复杂化，不仅使得社会利益开始出现了分化，还使得人们的思想价值观念变得更加多元，意见的交流、观念的交锋不仅有了现实的必要，还有了合理的空间。在这样一个国家管理职能收缩、社会利益分化、社会价值观多元的时代背景下，中国电视法治公共领域乃至中国公共领域也因此获得了前所未有的发

---

[3] 曹普：《当代中国改革开放史（上卷）》，人民出版社，2016。
[4] 廖小平、周泽宇：《价值观的分化探析——以改革开放以来中国社会为背景》，《北京大学学报（哲学社会科学版）》2013年第3期。

展契机。

3.1.2 法律体系建设的提速前行

基于中华人民共和国成立以来中国国家治理正反两个方面的经验和教训，1978年12月，在中国改革开放历史上具有重大标志性意义的中国共产党第十一届三中全会明确提出了"为了保障人民民主，必须加强社会主义法制，使民主制度化、法律化"[5]的重要论述。自此开始，中国现代法治建设掀开了历史性的新篇章，作为现代法治建设首要工作的法律体系建设进入了提速前行的新阶段。1982年，基于第三部宪法的许多不适宜内容，并为了满足改革开放的国家转型需要，第五届全国人民代表大会再次进行了宪法修订，史称"八二宪法"，成了中国这一时期法律体系建设的根本遵循。在此基础上，全国人民代表大会和地方各级人民代表大会选举法、刑法、人民法院组织法、人民检察院组织法、中外合资经营企业法等上百部法律纷纷出台或者修订，涵盖了刑事、民事、行政、民商等各个领域，标志着"以宪法为基础的社会主义法律体系初步形成，国家政治经济生活和政府工作逐步走上了法制轨道"[6]。

但是，由于中国有着上千年的封建统治历史，加之十年"文革"对国家法治的巨大破坏，使得中国法治建设并不具备丰厚的社会土壤，"法与社会始终存在着一种紧张关系和内在冲突"，"法的实现缺乏必需的观念支持和社会环境"[7]，即便是国家已经初步建成了法律体系，但是要将其内化为全体社会公民的普遍遵循，仍然有着巨大的难度。比如，1986年，上海电视台《法律与道德》

---

[5] 黄远声、冯纪元：《改革开放以来我国法治国家建设的历程及经验》，《武汉科技大学学报（社会科学版）》2015年第4期。

[6] 黄远声、冯纪元：《改革开放以来我国法治国家建设的历程及经验》，《武汉科技大学学报（社会科学版）》2015年第4期。

[7] 范愉：《电视法制节目与法制建设的互动关系》，《南通师范学院学报（哲学社会科学版）》2003年第2期。

栏目曾经报道了这样一则案例:一个刚满十八岁的青年,在本单位盗窃公款并杀人越货,但其并未意识到自己犯了死罪,犯案后回家仍若无其事地倒头大睡。更令人不解的是,其父母作为知识分子,对此事同样也表现出态度暧昧、"毫无法律意识"之感[8]。不仅普通公民的法治意识缺乏,即便是公安、司法、检察等法治队伍内部,法治意识也存在诸多不足,依法办事的专业化能力和水平也较为欠缺,立法以外的法治实践总体上并不活跃。鉴于此,国家在推动法律体系建设的同时,也将"普法"摆在了极为重要的位置,不仅在 1986 年正式推出了第一个"全国五年普法"计划,还针对各专项法律的出台或修订,制订了相应的"普法"工作计划,鼓励"运用各种宣传工具,采用生动活泼的方式,广泛、深入地对广大党员、干部和群众宣传法律,加强法制教育"[9]。

3.1.3 "自己走路"的中国电视改革

中国电视诞生于 1958 年 5 月 1 日。在改革开放以前的 20 年时间里,中国电视的节目内容多由外部电影厂提供。作为国家电视台的央视,其新闻与专题节目也多是采用中央新闻纪录电影制片厂所供应的新闻纪录片。尽管早在央视(前身为北京电视台)开办之初,国家广播电视主管部门就提出了广播电视要"自己走路"的主张[10],但是一直到改革开放启幕,这种依靠外援的局面依然未能得到有效突破。直到改革开放以后,伴随着电视收视终端的大规模普及、受众对电视节目需求的快速增长和央视本身节目每周播出次数的增加、每天播出时长的延长,其自身"自己走路"的需求也因此变得更加迫切。在此有利前提的驱动下,加之"真理标准问题大讨论"所带来

---

[8] 潘永明:《生动形象的法制宣传——介绍上海电视台的〈法律与道德〉专栏》,《新闻记者》1986 年第 1 期。
[9] 游洁、郑蔚:《电视法制节目新论》,中国广播电视出版社,2007。
[10] 徐光春主编《中华人民共和国广播电视简史(1949—2000)》,中国广播电视出版社,2003。

的社会思想解放和国门开放所打开的西方视野,央视"自己走路"的改革活力呈现出了空前活跃的局面。其中,央视《新闻联播》率先开启了"自己走路"的先河,其通过与各省级台开展联合、与国际通讯社合作和增加国内口播新闻等方式,摆脱了过去单纯依靠外援的不利局面,实现了新闻播出数量和质量的飞跃,成为"首先发布重大新闻的一个窗口"和"独立的新闻发布机构",国家核心话语平台的地位由此确立。随后的1980年7月,央视又推出了《观察与思考》栏目,这不仅是其打造的第一个电视新闻评论栏目,还开创性地引入了节目主持人的元素,成为中国电视发展史、改革史上的一个重要里程碑[11]。到了20世纪90年代,央视的改革步伐进一步加快,涌现出了舆论监督类型的《焦点访谈》、谈话类型的《实话实说》、杂志类型的《东方时空》、调查类型的《新闻调查》、专题类型的《社会经纬》等多种多样的创新节目形态,不仅形成了强大的社会影响力,还成为全国各地电视台竞相模仿的对象[12]。至此,通过一波又一波的电视改革,中国电视媒体学会了"自己走路","自己走路"的步伐也变得更加坚定、更加矫健,中国电视法治公共领域正是依托这样的转变而拓荒前行。

3.2 中国电视法治公共领域的艰难探索

3.2.1 庭审直播:电视法治公共领域建构的初步尝试

1980年11月20日,最高人民法院特别法庭对"林彪、江青反革命集团案"的公开审判正式开庭。在经历了长达两个多月的艰辛审理之后,于1981

---

[11] 袁沫:《〈观察与思考〉与节目主持人》,《电视研究》2000年第4期。
[12] 赵化勇主编《中央电视台发展史1958~1997》,中国广播电视出版社,2008。

年1月25日正式予以了宣判。在此过程中,央视从其新闻、专题、转播等部门抽调了包括导播、摄像、录音、灯光、传送等众多专业报道骨干并由台领导亲自挂帅,对庭审过程进行了大量的新闻报道与现场直播[13],引发了全体国民的广泛关注。相关回忆资料显示,在这段公开审判的时间里,"人们都会早早吃好晚饭,守候在电视机旁,观看中央电视台每晚7时的新闻联播,了解当天关于特别法庭开庭情况的报道"[14]。

这是中华人民共和国成立以来,中国社会各界通过电视传播渠道的第一次基于法治的对话。对于党和政府来说,借助于当时先进传播技术的电视传播渠道,对该案的全过程进行展现,一方面主要是为了表明党中央重新尊重法治、依法办事的治国思维转向,并以此确保该案审判的公信力、权威性和说服力,另一方面则是希望通过严谨的法律审判程序和审判结果起到"教育群众""扩大影响力"[15]的积极效果。对于社会公众而言,通过电视了解该案审理的全过程,不仅是一次见证历史重要时刻的机会,更是一次了解法律知识、接受法治思想启蒙的难得机遇。双方通过电视直观、生动而又充分的案件重要细节呈现,展开了基于节目文本的法治公共话题的间接性对话,最终达成了广泛的社会共识,并为开启中国改革开放和国家法治建设的大幕,奠定了坚实的基础。对于央视自身而言,这不仅是其承担的一项重要政治任务,还是其发展电视法制节目类型的开端,更是其以电视的力量介入公共领域并打造电视法治公共领域的初步尝试。尽管这场直播并非完全意义上的庭审直播,尽管这场直播的水平较为有限、剪辑极为粗糙,尽管直播节目中缺乏公众对节目的直接参与,但是仍然开创性地为整个社会公众提供了法治公共议题交流与讨论的文本,标志着中国电视法治公共领域建构

---

[13] 游洁、郑蔚:《电视法制节目新论》,中国广播电视出版社,2007。
[14] 大河网:《林彪江青反革命集团案审判现场录》,http://newpaper.dahe.cn/jrab/html/2010-01/27/content_278785.htm。
[15] 新浪新闻中心:《张思之解密审判林彪、江青反革命集团内幕》,http://news.sina.com.cn/c/2013-01-30/200026161707.shtml。

的开端。

3.2.2 《冯大兴的下场》:理想化的直接对话空间建构实践

1980年7月,央视为了改变自身只有新闻报道没有评论探讨的话语传播格局,专门创办了一档名为《观察与思考》的电视评论栏目,其内容涵盖了"政治、经济、法制、文化、教育及社会道德等各个方面",旨在"以当时社会上存在的一些矛盾和问题为对象,进行较为深入地剖析"[16]。这档栏目虽然并非专门的电视法制栏目,却再次为中国电视法治公共领域开辟了一片栖息的空间。栏目开播以后,一期以《冯大兴的下场》为题的法制节目,引发了社会的广泛反响。该期节目主要讲述了一个名叫冯大兴的大学生,在进入大学后不重视政治学习和思想修养,缺乏应有的法律知识,最后走上了杀人犯罪的不归路。特别值得一提的是,这期节目在表现手法上主要采用了案件呈现、事件分析、主持人评论、节目座谈会等方式,向广大电视观众揭示不重视政治学习、思想修养和法律知识学习的危害性。节目播出以后,"在社会上引起很大的反响,甚至有很多高校将其作为新生入学教育的教材"[17]。

相比于央视对"林彪、江青反革命集团案"的间接对话空间建构方式,节目《冯大兴的下场》明显有了极大的进步。这种进步主要体现在其开创了另一种形态的电视法治公共领域,即以空间内节目参与者直接对话为显著特征的直接对话空间。这对于尚处于发展起步期的中国电视而言,有因中国电视新闻改革而带来的必然,但对于尚处于开创期的中国电视法治公共领域来说,仍具有较强的超前性和偶然性。首先,这期节目打破了过去单纯的"记录式"文本呈现方式,不仅仅是简单呈现案件的基本过程,还有进一步的分析和评论,实现了节目呈现的深度化和言论化。其次,在节目内部,不

---

[16] 赵化勇主编《中央电视台发展史 1958~1997》,中国广播电视出版社,2008。
[17] 游洁、郑蔚:《电视法制节目新论》,中国广播电视出版社,2007。

仅仅有简单的画外播音,还有包括主持人、座谈嘉宾等在内的社会公众的直接参与,在节目内部直接建构起了一个真正意义上的电视法治公共领域谈话场,使得场内观点、意见的直接交流从过去的不可能变为了一种真正的现实,由此不仅极大增强了节目文本内部的对话感,还有效强化了中国电视法制节目作为中国电视公共领域建构的平台功能和组织功能。最后,在节目要素的组织上,议题呈现、主持人串联、嘉宾对话应有尽有,除了节目的细节因当时中国的电视节目制作水平相对不高而具有较大程度的不足以外,几乎已经达到了当时中国电视法制节目的常规要素配置水平,并且首次使得中国电视法治公共领域在开创初期即具备了议题呈现和意见交流这样完备的双重功能,体现出了极强的新锐性。

3.2.3 《焦点访谈》:"介入式"间接对话空间建构的独特景观

1994年4月1日晚间19:38,在央视一套,一档名为《焦点访谈》的电视评论栏目腾空而出。这档以"舆论监督"为话语标签的电视评论栏目,顺应了20世纪90年代初中国"各种改革开放政策不断出台、社会现象日益复杂、多种思想交错碰撞"的时代形势,对当时"人们的思维方式和行为规范"给予了有力的引导[18]。舆论监督必然涉及到法治的话题。因此,在不经意间,《焦点访谈》栏目因其大量的涉法节目报道和栏目对社会所产生的巨大影响力而在中国电视法治公共领域的建构历程中书写了浓墨重彩的一笔。我们看到,自1994年至1997年的近1300期节目中,《触目惊心假发票》《雄县追车记》《巨额粮款化为水》《仓储粮是怎样损失的》等报道,直指当时社会中群众反映强烈的热点、难点话题,层层抽丝剥茧、揭露问题,引起了国家权力机关的高度重视,推动问题在法治的轨道上得到了有效解决。比如,《触目惊心假发

---

[18] 赵化勇主编《中央电视台发展史 1958~1997》,中国广播电视出版社,2008。

票》这期节目,就是针对 1994 年国家税制改革启用增值税发票并作为抵扣税款的重要凭证,由此衍生出了不法分子伪造、倒卖增值税专用发票的犯罪行为所推出的。这期节目在整体上以主持人与记者交替叙事的方式,重点通过记者暗访调查的方式,还原了犯罪分子非法作案的全过程,最后引起了最高人民法院、最高人民检察院、公安部与国家税务总局的高度重视,不仅开展了联合专项整治行动,还出台了相关适用法律法规,同时还通过北京西城区人民法院严惩了一批违法犯罪分子(节目的具体空间建构模式见表 3-1)。

表3-1 《焦点访谈》的"介入式"间接对话空间建构模式

节目背景介绍	主持人:"1994 年税制改革启用的增值税发票,是抵扣税款的重要凭证。然而,一段时间以来,一些不法分子伪造、倒卖增值税专用发票的犯罪活动非常猖獗。"
记者介入调查	主持人:"为了调查倒卖假增值税专用发票的真实情况,《焦点访谈》记者来到上海。上海火车站广场是票贩子比较集中的地方,他们行踪诡秘,为接近他们,记者隐藏了身份,摄像机就架在 40 米外的地方。"
	记者假装购买假增值税发票者,与票贩子对话: 票贩子甲:"仿制的(发票)有,我拿给你,这是百货商场的。" 记者:"你有没有真的?这绝对是假的。" ……
	针对假增值税发票所带来的危害及屡禁不止的原因,记者采访国家税务总局总会计师张英慧、北京火车站地区公安分局副局长崔铁英、广州税务局工作人员等。
节目曝光后	针对这些情况,最高人民法院……联合召开电话会议,决定在全国开展打击伪造、倒卖、盗窃发票的违法犯罪活动。 1994 年 6 月 3 日,最高人民法院……发布了《关于办理伪造、倒卖、盗窃发票刑事案件适用法律》的规定。…… 北京西城区人民法院也严惩了一批倒卖发票的犯罪分子。(出判决画面)为了加强……管理,从 1994 年 7 月 1 日开始,全国将统一使用印有防伪标志的新版增值税发票。

与此同时,《焦点访谈》还深入聚焦执法、司法等众多法治领域,推出了《罚要依法》《法律岂是儿戏》《一次审判 两种判决》《强制执行的背后》《执法的遭遇》等大量报道,对执法、司法过程中的不文明、不专业等丑恶现象进行了有力曝光[19]。

毫无疑问,《焦点访谈》的电视法治公共领域建构是一种间接对话空间建构的实践,即主要由电视节目主持人透过屏幕与作为受众的社会公众进行间接的、虚拟的沟通对话的一种法治公共领域建构实践。在节目中,除了记者与被采访对象(包括暗访对象)的对话,就是敬一丹、水均益等节目主持人的开场、串联与节目最后的点评,并无作为社会公众的受众的直接参与。但是,由于节目本身敢于揭露、敢说敢言的独特个性,携中国电视处于发展上升期的迅猛发展之势,以及央视作为国家台的话语强势地位,《焦点访谈》在与社会公众的法治沟通中塑造起了一种无可替代的话语地位。一个极为显著的标志是,在栏目舆论监督最为强烈的时期,栏目组每天都能接到上千封观众的来信,并且节目中曾经出现过的吉林博物馆大火之后当地官员出口必言的"损失不大"、309国道上交警拦车乱罚款一言不合就说出的"二十、四十"等词汇,也迅速成为民间流行语,堪比如今的网络热词[20]。所谓"话语确认地位,话语赋予权力",《焦点访谈》栏目的"介入式"间接对话空间建构的成功由此可见。

需要特别注意的是,相比于"林彪、江青反革命集团案"直播、《冯大兴的下场》的"记录式"间接、直接对话空间建构模式,《焦点访谈》的电视法治公共领域建构则采取了一种极为独特的"介入式"的法治公共领域建构方式。这种方式的运行逻辑为:先由电视媒体自身根据获取的线索发掘节目选题,然后紧接着由记者进行采访揭露、呈现,最后才有了国家权力机关的介入。这种方式虽然在当时社会矛盾逐渐增多、国家法律体系仍不健全的背景下

---

[19] 央视《焦点访谈》栏目组:《〈焦点访谈〉里的焦点》,中国工人出版社,2018。
[20] 央视《焦点访谈》栏目组:《〈焦点访谈〉里的焦点》,中国工人出版社,2018。

有较强的合理性,但是如果分寸掌握不当,则有可能引发"媒介审判"等各种问题。事实上,由于《焦点访谈》的成功,引发了全国各地市电视台的竞相模仿,但随之也确实在众多地方台的类似实践中引发了媒介与司法关系的激烈碰撞,也因此对中国电视法治公共领域建构带来了一些不利影响。

3.2.4 《社会经纬》:故事化"记录体"的确立

随着中国电视法治公共领域的逐步拓展,特别是由于公众对法治兴趣的逐步提升,1996年5月16日,在央视内部几经曲折的独立电视法制栏目《社会经纬》正式步入了正常的发展轨道,并以全新的面貌向全国电视观众呈现。该栏目仍以"普法"为主要节目宗旨,以法治题材为栏目主要内容,每周播出一期,每期时长45分钟,在内容结构上主要包括了《举案说法》《经纬专递》《法在身边》《是非公断》四个常规板块,和《法系人生》《目击》《视线》《你说我说》《百姓寻呼》等众多不定期播出的小板块。栏目开播以后,推出了《商业秘密,烽烟再起》《致命回扣》《初为被告》等代表性节目,在观众中引发了较强反响,并带动了栏目收视率的明显提升[21]。

但是,随着央视《焦点访谈》《东方时空》《新闻调查》等栏目涉法报道的不断增多,《社会经纬》模仿流行的电视杂志类型节目模式已经难以获得竞争的优势,其电视法治公共领域的地位也因此而逐步下降。鉴于此,栏目组通过深入地分析,特别针对同类节目在形式上的单一、在形象上的不足等问题,决定在报道深度上做文章,在报道方式上做创新,通过"庭审"这一独特的场景作为切入视角,"充分调动庭内时空、庭外时空和演播室这三个要素,从多个板块组合的杂志类型节目演变为每期用45分钟篇幅讲述一个故事的样式",并明确亮出了"在庭审中讲故事,在冲突中普及法律"的节目标语。通过这样的改版,栏目又推出了《吴越打官司的故事》《父子情薄》《"心"的

---

[21] 赵化勇主编《中央电视台发展史 1958~1997》,中国广播电视出版社,2008。

诉讼》《未能出庭的受害人》《审判褚时健纪实》等报道。这些节目,既有大案、要案的聚焦,又有老百姓身边的法治故事,不仅节目视角、姿态、话语更加亲民化,还通过单期节目的单个故事的讲述,实现了化枯燥的法律条文为生动形象的精彩故事的效果,使得其"收视率最高时达到 3.42%"[22],这对一档周播节目而言,可谓难能可贵。

我们以《吴越打官司的故事》这期节目为例(具体节目话语过程见表3-2),在该期节目中,节目首先从普遍到个别,交代了节目发生的基本背景,即一个本来因为自身合法著作权益受到侵害却因维权措施不当反而成为被告的事由。在这里,受害者反而成为被告,恰恰满足了受众对"狗咬人不是新闻,人咬狗才是新闻"的好奇心理,极大提升了观众的收看兴趣。紧接着,节目又推出了多重悬念,包括"官司谁输谁赢""关键证据是否能取出"等,由此抽丝剥茧,为观众戏剧性地逐层展现故事的情节脉络,最终展现案件的全貌。这种抓住案件审理中的每一个细节、每一处要害、每一个转折点,精心设计"悬疑"的做法,与中国古代说书人在故事关键处、在听众的兴趣最高点戛然而止的"欲知后事如何,且听下回分解"的做法如出一辙,因此我们将《社会经纬》的这种有别于通常电视新闻报道、纪实报道平铺直叙的"记录体"的故事化处理方式称之为故事化"记录体"话语模式。这种话语模式的使用频率,在《社会经纬》改版后的节目策划制作中日趋频繁,所叙述的案例不胜枚举。

---

[22] 黄海星:《〈社会经纬〉改版后法制专题节目的定位》,《电视研究》1999年第3期。

表3-2　《吴越打官司的故事》的故事化"记录体"话语模式

"悬念式"背景介绍	主持人:"最近以来,一些文章的作者,或是刊登文章的媒体因为侵犯名誉权而被推上被告席……"
"悬念式"故事推进	悬念一:"作家吴越因出版社出版其改写的《海上花列传》一书,几年来未得到稿费,反而被出版社以名誉侵权将其推上被告席,官司谁输谁赢?" 悬念二:"对被告作家吴越来说,事关重要的关键证据是否能取出?" 悬念三:……

客观来说,作为一档独立的电视法制栏目,《社会经纬》在中国电视法治公共领域建构历史上的作用并不突出,甚至远不如仅仅将法治题材作为其较小比例的《焦点访谈》栏目。但是,正是这样一档栏目,不仅标志着中国电视法治公共领域从此有了独立的发展空间,还正式确立了中国电视法治公共领域建构的故事化"记录体"特色,并使这种特色成为此后中国电视法治公共领域建构中不可或缺的基础性构成元素。一方面,在经历了"林彪、江青反革命集团案"、冯大兴案的记录式呈现和《焦点访谈》的"介入式"建构之后,以具有过去时态特征的"记录体"话语表达模式得到最终的确认,这虽然大大削弱了中国电视法治公共领域对社会的直接介入能力,但是却以理性化的态度明确了中国电视法治公共领域的边界,理顺了其与国家公共权力机关之间的关系,从而形成更加良性的社会关系循环,有利于其未来的可持续发展;另一方面,栏目还明确提出了故事化的表达手段,这是此前的央视涉法传播实践中所未有的,这不仅契合了这一时期中国社会法治知识理解能力的欠缺,还适应了"中国老百姓爱听故事"的传统习惯,可谓"找到了既适合它的内容,又适合受众接受的表现手法"[23]。

---

[23] 冯隽:《把枯躁的法律条文故事化——谈央视"社会经纬"栏目》,《新闻与写作》2001年第11期。

3.3 开创期中国电视法治公共领域的结构形态

3.3.1 非主流传播：中国电视法治公共领域的话语地位

虽然 1958 年，电视在中国诞生，但是一直到改革开放拉开序幕的 1978 年，全国电视机拥有量仅有 304 万台。改革开放之后，随着中国经济水平的加快发展，到 1998 年左右已经有大约 3 亿台的规模，但是仍然未能实现每户平均拥有量达到 1 台的饱和值[24][25]，与美国、日本等东西方发达国家存在较大的差距。并且，在这一时期，全国电视机拥有量还在相当长一段时间里保持在低位水平，比如在 1980 年仅仅达到 902 万台，在 1990 年也仅达到 1.85 亿台，与中国 10 亿左右的人口规模差别甚远。可以说，由于受国家经济发展水平、电视机价格和居民消费能力的影响，中国电视的基本普及也仅仅是 20 世纪 90 年代中后期的事情，电视机在这一阶段的相当长时期里仍然是普通老百姓家庭中的一件奢侈品。尽管衡量电视行业发展水平的指标除了全国电视机拥有量之外还包括全国电视台数量、全国电视覆盖率等，但全国电视机拥有量指标却无疑因其对终端的覆盖能力体现而更具有直观的代表性。中国电视法治公共领域要发挥出应有的作用，首先必须要依托电视本身的大规模普及，然而这种局面在这一时期的大部分时间里并未真正出现，从而形成了先天性的限制条件。

另一方面，由于中国电视行业真正的"自己走路"主要始于改革开放之后。尽管这一时期全国电视行业改革异常活跃，但是仍然难以突破行业自身的生命周期发展规律的限制。这一时期，央视的节目内容创新、形态创新

---

[24]《科学社会主义》编辑部：《我国电视的社会拥有量发展迅速》，《科学社会主义》1992 年第 3 期。

[25] 童庆华：《我国电视机市场的发育趋势》，《统计与决策》2000 年第 1 期。

可谓引领了全国电视的潮流。但是，央视在这方面的创新仍然主要局限于电视新闻的改革。虽然在其改革的过程中也涌现出了如《社会经纬》这样的独立电视法制栏目，以及大量的涉法新闻报道，但是由于此类节目播出周期长、体量小，属于中国电视节目体系中的小众节目类型，难以在受众中形成如《焦点访谈》《东方时空》这样的话语影响力。与此同时，虽然这一时期央视已经探索出了像《实话实说》这样非常富有电视公共领域气质的谈话类节目，但其并未得到更加灵活的规模性、创造性推广，使得社会公众基本上难以参与到中国电视法治公共领域之中。因此，不管是从节目的受众影响力还是从节目所建构的电视法治公共领域的公众参与度来看，中国电视法治公共领域在这一时期无疑处于一种非主流的话语地位。

3.3.2 时间断层：中国电视法治公共领域的历时形态

考察开创期央视电视法治公共领域的纵向结构（表3-3），我们可以清晰地发现，其演变历程并非一帆风顺，而是经历了一个波澜起伏的曲折之路。虽然1980年其对"林彪、江青反革命集团案"的直播开启了自身乃至全国电视法治公共领域建构的序幕，并且也在《观察与思考》栏目中推出了一定数量的涉法传播节目，但是一直到1985年12月31日才推出了一档真正意义上的电视法制栏目——《规矩与方圆》。这档栏目以"没有规矩、不成方圆"的节目基本理念，以周播形式出现，每期播出时长20分钟，主要聚焦一些跟公安、司法有关的事件。然而，即便是这样一档电视法制栏目，也因为节目素材的不足，在开播短短13个月之后最终停播。虽然到了1988年央视又将其更名为《社会瞭望》予以复播，但仍然难以逃脱与其他节目合并的最终命运[26]。在此之后，央视出现了一档名为《社会经纬》的电视法制栏目，但是其同样也经历了极为复杂的艰难过程。事实上，这档栏目早在1989年就已

---

[26] 游洁、郑蔚：《电视法制节目新论》，中国广播电视出版社，2007。

经推出,当时就包括了《热点思索》《警方热线》《法制信箱》《说是谈非》《社会写真》《案情透视》等众多板块,但是仍然处于停停播播的断断续续状态,并在1994年被并入另一档名为《与您同行》的综合社教栏目。鉴于观众对法制题材类栏目兴趣的不断提升,一直到了1996年,《社会经纬》栏目才能够再次以独立的栏目形态面向观众,至此真正奠定了电视法制节目在央视节目类型中、电视法治公共领域在电视公共领域中的地位。

央视的电视法治公共领域建构之所以时间断层,其中的直接原因在于节目素材的缺乏,但笔者以为,其更深层次原因主要在于两个方面:一方面,国家法治实践不够活跃。诚如前文所言,开创期的中国电视法治公共领域建构主要置身于国家法律体系建设的重要阶段。从国家角度来说,面对此前国家众多领域无法可依,并且由于改革开放所带来的新情况、新问题,加快各个领域的立法工作,建构基本完善的国家法律体系,是当务之急。但是,对于所制定出的法律如何执行、由谁执行,关注度则相对不够,从而使得公安、检察、司法等队伍在执法、检察、司法方面的实践并不活跃,这就从根本上限制了中国电视法治公共领域获取必要的素材、设置相关的话题以吸引公众的注意和参与。另一方面,则是由于公民法治意识依然淡薄。虽然这一时期已经推出了三个"五年普法规划",但是由于受上千年的人情、宗法思想影响和改革开放以前的"全能型政府"管理思想影响,中国公民并不能很快从传统的"人治"思维转向现代的"法治"思维,不知法、不信法、不尊法、不守法仍然是这一时期国民生活的普遍状态。这种状态,一方面对中国电视法治公共领域的建构造成了不利影响,另一方面也为其继续拓展创造了有利的空间。

表3-3 开创期中国电视法治公共领域的历时形态表

1980年11月20日~1981年1月25日	央视对最高人民法院特别法庭"林彪、江青反革命集团案"公开审判直播,标志着中国最早的电视法制节目的诞生,也标志着中国电视法治公共领域的开辟。
1981年	央视电视新闻评论栏目推出一期《冯大兴的下场》节目,是中国电视法治公共领域对理想化的直接对话空间建构的初次实践尝试。
1985年12月31日	央视推出一档真正意义上的电视法制栏目——《规矩与方圆》,并于13个月后停播。
1988年	央视将《规矩与方圆》更名为《社会瞭望》,并于不久后停播。
1989年	央视推出《社会经纬》,并于1994年将该栏目并入《与您同行》,又于1996年再次独立面世,常态周播,此后自1998年11月5日改版,确立了故事化"记录体"的话语模式。

3.3.3 相对单一:中国电视法治公共领域的空间样态

从根本上说,中国电视法治公共领域的空间拓展,主要依赖于参与主体的扩大、话语权力的提升和公共利益的更好维护。这些目标的达成,则离不开电视法制节目形态的创新,因为从某种意义上说,电视法制节目形态的创新,意味着中国电视法治公共领域话语方式的创新,而话语方式的不同,相应的公共领域建构的效果也不同。从总体上看,虽然《观察与思考》为中国电视法治公共领域的建构提供了直接对话空间的话语方式,但这种偶然性的昙花一现并不能代表开创期中国电视法治公共领域的整体趋势。相反,

3 中国电视法治公共领域的开创与"记录体"的确立

以"记录体"为本质特征的间接对话空间话语方式却逐渐发展成为这一时期中国电视法治公共领域建构的总体趋势,并且在经历了一次又一次的波折之后得以确立,影响深远。

这种间接对话空间形态又包括了由庭审直播演变而来的电视庭审类节目和由非法制节目的涉法报道所形成的报道评论类节目。其中,电视庭审类节目起源于央视对"林彪、江青反革命集团案"的直播,并在《社会经纬》两次改版后得以最终确立。电视庭审类节目最初并非真正意义上的直播,而是个别直播与大量录播、转播甚至是与新闻报道相结合,是对审判公开、司法公正方面的舆论监督的有力诠释,也是通过大众传媒达到以案释法、教育社会的重要方式,得到了国家权力机关的大力支持。同时,电视庭审类节目没有固定的栏目形态,往往是有需要即直播。后来,南京电视台推出《法庭传真》栏目,至此电视庭审类节目才以栏目化的形式最终固定下来。然而,该栏目虽然以每期长达几个小时的现场直播形式同步真实记录了庭审的现场,但是对司法办案人员造成了极大的心理压力,并且未经剪辑,而逐步退出了中国电视法治公共领域[27]。《社会经纬》栏目第二次改版之时,吸取了过去电视庭审类节目的经验与教训,选择了聚焦"庭审"但又不采取直播的剪辑录播方式,以更加巧妙的法治公共领域议题呈现方式将该类节目最终推向了成熟。而由非法制节目的涉法报道所形成的报道评论类节目虽在探索期的中国电视法治公共领域占有一席之地,却由于其节目定位的本质不同,其节目形态、话语表达方式并未得到较好的继承,仅有其"报道+点评"的模式在后来得到了继承和发扬,而如《焦点访谈》似的"介入式"间接对话空间建构模式,可以说几乎已成绝唱。

---

[27] 张国良、吕建江:《把旁听席延伸到千家万户——我们是怎样办好"法庭传真"栏目的》,《视听界》1997年第3期。

3.3.4 普法话语:中国电视法治公共领域的宏大主题

在西方发达国家,现代法治的基本理念和原则随资产阶级革命而确立,至今已有几百年的历史。这些理念和原则不仅体现在如卢梭的《社会契约论》、孟德斯鸠的《论法的精神》等传世经典之中,还体现在了法国的《人权宣言》、美国的《独立宣言》及各自的法律体系、规范之中。因此,由于长期的法治浸润,这些国家并不需要专门的"普法"来传播现代法治的理念和原则,即便是美国 truTV 的系列法庭直播节目、CBS 的《Judge Judy》、Fox 的《COPS》、NBC 的《Dateline》、CBS 的《48 Hours》等节目,也均是出于满足电视观众的收视需要而开拓的节目类型领域。相反,对于经历上千年人情社会的中国,由于大规模的现代法治建设从改革开放开始,只有短短几十年时间,因此社会各界对"普法"有着普遍的内在需求。对此,央视《社会经纬》栏目的主持人崔志刚有过这样一段阐述:"法制栏目可以说是中国特有的东西,我们在其他国家的电视节目中是看不到这种特地为宣传法治而做的节目的。这是中国的国情决定的。目前我国的法治还存在着一些不健全的地方,所以讲法普法就成了媒体不可推卸的责任。因此,《社会经纬》这类法制栏目的产生有它深刻的社会原因,它的目的就是为了完善法治"[28]。当然,这里的完善法治,即是"普法"。而这一时期的"普法"主要任务就是通过法制题材类节目的播出,普及法律常识、法治知识,培育全体社会公民的法治观念、法治意识,最终达到劝导全体社会公民遵守法律的目的。在这种宏大的"普法"主题下,不管是开设的电视法制栏目,还是选择的法制节目话题,抑或是具体的节目呈现、主持人话语方式,无不是围绕这一主题而展开的。比如,前文提到的央视对"林彪、江青反革命集团案"的直播、《观察与思考》所推出的一

---

[28] 中国广播电视学会电视法制节目委员会:《见证中国法治进程1》,中国人民公安大学出版社,2002。

期《冯大兴的下场》节目,均是怀着"教育公众"的目的展开。而如《社会经纬》栏目所播出的一期《致命的回扣》节目,通过讲述一名30岁的硕士生因为对"回扣"与"受贿"的认识模糊而走上犯罪之路的典型故事,向公众传递了法律意识淡薄的危害性。

同时,"普法"作为这一时期国家法治建设的重要组成部分,电视作为国家权威话语平台的重要组成部分,电视法制节目作为与立法机关的普法讲座和公安机关、司法机关"谁执法谁普法"模式的并列组成部分,也对中国电视法治公共领域的话语方式产生了极大的影响。这种影响主要体现在:对于缺乏公众直接参与的中国电视法治公共领域,节目、节目主持人往往占有着绝对的议题了解优势、法治知识储备优势和话语权力掌控优势,因而往往以或隐或现的教育者姿态面对社会公众,并且以其节目呈现的思维逻辑、主持人的语言语气等表现出来,从而在客观上产生了一种话语权力的不平等。这种不平等,从公共领域的视角来看,在当时的社会背景下,有其自身的合理性。其因主要在于公共领域承载的是社会公众基于必要的知识储备和理性的思想观念而发表的观点和意见。这一前提的预设,就要求中国电视法治公共领域的参与主体必须具备一定的法治观念、法治意识和法治知识,从而才能较好地认识法治公共事务、正确地理解法治公共议题、理性地发表富有见地的法治公共意见,进而通过中国电视法治公共领域的中介功能作用于国家的法治建设、社会的秩序重构。从这个意义上说,开创期中国电视法治公共领域在普及法律常识、法治知识,培育法治观念、法治意识的诉求和"社会教育"的话语表达方式上有着极为坚实的社会基础,是这一时期中国电视法治公共领域参与主体结构性失衡情况下其所承担的前置条件进一步培育的客观使命。

3.4 "记录体"的确立及其故事化特色

开创期的中国电视法治公共领域,在经历了各种形式的间接对话空间、直接对话空间建构模式的交替碰撞之后,最终确立了以间接对话空间为主导的基本空间形态模式,同时也确立了"记录体"话语表达方式在这一主导性空间中的核心地位,并且呈现出极强的故事化特色,从而完成了这一时期中国电视法治公共领域在议题呈现这一基础的功能建构方面的历史使命,符合了中国电视法治公共领域由浅入深、由低级向高级演变的基本发展规律。对于这种法治话语表达方式,我们不妨将其称之为故事化"记录体"。这不仅是开创期中国电视法治公共领域建构的关键成果,同时也为日后的中国电视法治公共领域建构探索出了一条行之有效的基础性建构路径,成为中国电视法治公共领域话语体系中的重要组成部分。

3.4.1 纪实风格:"记录体"的直观面貌

2004年,《北京青年报》副总编辑何平平提出了"记录体新闻"的概念。其认为,所谓"记录体新闻",又可以称之为"实录新闻",主要是指媒体"将新闻采访对象的讲述或记者与采访对象的对话,直接记录下,整理制作发表"的新闻[29]。在这里,媒体遵循不干涉、不介入的基本原则,真实记录正在发生或者已经发生的新闻事件,从而客观真实、原汁原味地展现社会的自然原貌,尽管其中也有媒体的新闻选择与素材编辑,甚至隐含着媒体自身的意识形态,但是其所呈现的内容仍未损害真实世界的原貌,仍然是真实世界的缩影。由此可见,"记录体"的关键就在于对客观世界的真实记录,具有强烈的

---

[29] 何平平:《"实录新闻"的操作》,《新闻实践》2004年第1期。

纪实风格特征。作为一种文本表现形式，"记录体可以表现不同的内容"[30]，既可以表现新闻，又可以表现文学；既可以表现文字内容，又可以表现电视节目。因此，将"记录体"引入电视法制节目，使之作为中国电视法治公共领域的重要话语表达方式，有着内在的合理性。与此同时，将"记录体"引入中国电视法治公共领域，也是中国电视媒体在长期的摸索过程中，经历了"介入式"与"非介入式"的不同模式对比之后的必然选择，其纪实性风格具有如下三个方面的特征：

1.真实性。真实是新闻的生命，同时也是中国电视法治公共领域的生命。这主要是因为作为介于国家与社会之间的中国电视法治公共领域，始终必须强烈关照现实世界真实发生的法治公共事务，从而提炼法治公共议题，并经由公共领域的共识塑造过程作用于现实世界问题的解决。如果在这一过程中没有真实性的参与，而是采取虚构法治公共事件、公共议题，中国电视法治公共领域的运行机制将因此被阻塞，很有可能成为虚假的法治公共领域，无法推动其功能的顺畅实现。毋庸讳言，这里的真实，当然主要指的是作为法治公共议题依托的法治事件的真实。这种真实，既包括了真实的法治事件，经历了起因、经过、结果的过程，同时也包括了事件中的人物有名有姓、有地可查。为了追求这样的真实性，电视法治媒体记者、编导们往往需要付出很多。对此，《社会经纬》栏目的编导詹军曾经有过这样一段生动形象的描述："为了弄清案件的真实情况，揭开人为蒙蔽在其上的层层面纱，自己不得不对被采访对象多次进行采访，酷暑7月，汗流浃背，那种滋味，不经历恐怕难以想象"[31]。

2.非介入性。在真实性的基础上，作为"记录体"的中国电视法治公共话语还具有非介入性的重要特征。这种非介入性主要体现在电视法制节目的镜头虽然对准了与法治有关的社会生活的各个领域，却始终以旁观者的

---

[30] 何平平：《"实录新闻"的操作》，《新闻实践》2004年第1期。
[31] 冯隽：《把枯燥的法律条文故事化——谈央视"社会经纬"栏目》，《新闻与写作》2001年第11期。

姿态,忠实记录下镜头所看到的一切,而把事件的处理留给了当事人和公安、司法、检察等国家法治权力机关。我们看到,《社会经纬》在1998年11月5日第二次改版后,更加注重将非介入性原则摆在极为重要的位置。节目将镜头对准法庭,充分展现法庭对案件审理的经过;对准当事人,挖掘案件发生的前因后果、社会背景,记录当事人之间的矛盾冲突与言行变化,而没有丝毫干涉事件发生、案件审理的意思。这种非介入式法治公共议题呈现方式,摆脱了由电视媒体接到线索、展开报道,最后推动国家法治权力机关解决问题的顺序倒置,标志着中国电视法治公共领域的公共议题呈现方式已经趋于成熟。同时,非介入性还体现在中国电视法治公共领域将关注的焦点主要聚集在经过执法机关、司法机关等定性后的法律案件报道之上,而并非抢在国家法治系统之前揭露相关法治问题,从而最大限度地增强节目的客观纪实性,避免媒体对案件的主观干预。

3.新闻性。从严格意义上说,真实性也是新闻性的细分特性之一。但是,这里所指的新闻性,主要是指中国电视法治公共领域的时效性。众所周知,新闻是新近发生的事实的报道,是易碎品。同样,虽然中国电视法治公共领域的公共议题的时效性不及消息类新闻那么强烈,但是其同样也具有保质期。从公共领域视角来看,中国电视法治公共领域的公共议题不仅要追求议题内在的法治公共事件的真实,而且还要保证其具有一定的热度,如此方能保持中国电视法治公共领域对现实法治问题、社会秩序介入的可持续建构功能。比如,《社会经纬》所推出的《审判褚时健纪实》一期节目,正反映的是在当时法律监督机制未能跟上市场经济发展背景下市场经济参与主体因贪污受贿被诉而引发的一起新闻热点事件,是一个具有标志性意义的法治事件。这期节目的播出,在当时社会引起了较大反响,这一典型案例有力印证了"记录体"电视法治话语追求合理时效的必要性。

3.4.2 权力博弈:"记录体"的内在本质

在"记录体"的纪实性风格三个方面的特征中,非介入性可以说是这种话语表达方式最为主要的特征。事实上,在探索期的中国电视法治公共领域建构中,以《焦点访谈》为代表的电视涉法报道采取的主要是"介入式"的公共领域建构方式,并且在"舆论监督"的话语框架下获得了极大的成功。然而,在这一阶段的后期,"非介入式"的"记录体"方式却最终占据了上风,并经《社会经纬》确认之后成为中国电视法治公共领域话语体系的重要组成部分。其背后的原因到底是什么?

话语理论特别是福柯话语理论认为,作为字、词、句的语言永远都不可能是一个封闭的话语系统,而是一种半封闭的"隐性的权力运作方式","只要是公开发表的'叙事话语'就不得不受到隐性的话语运作方式的支配,因此叙述话语也渗透着权力动作的因素"[32]。可以说,具有强烈非介入式话语特征的"记录体"模式在开创期的中国电视法治公共领域得以确立,说到底仍然是话语权力及其背后的社会权力博弈的结果。首先,从中国电视法治公共领域的参与主体角度来看,其包括了全体社会公民,既有来自包括立法机关、行政执法机关、司法机关、检察机关在内的国家法治权力机关,又有作为普通参与主体的社会公众,还有包括主持人、记者等在内的电视媒体自身。从理想状态来看,各种来源的参与主体具有平等的地位,但是事实却并非如此。其中,来自国家权力机关的代表明显有着在法治知识、话语地位等方面的优势,往往能够以强势者的姿态影响着中国电视法治公共领域,相比较而言,作为普通参与主体的社会公众则因法治知识缺乏,话语地位极为弱势,而电视媒体自身虽然具备一定的法治知识,但是并不能够掌握第一手的法治素材,更多的时候还必须依附于国家法治权力机关才能开展相应的公

---

[32] 马婷:《叙事与话语》,中国社会科学出版社,2017。

领域建构。这种权力与话语权力的格局,就决定了国家法治权力机关的法治话语在中国电视法治公共领域中的主导地位。特别是在司法机关与电视媒体之间,往往存在着"司法独立"与"舆论监督"这样一对话语博弈。一方面,司法独立因其避免外界干扰,确保司法的公平、公正而受到社会各界的认可和一致保护;另一方面,舆论监督也因其对于揭露社会弊病而得到社会的普遍支持。在两者的博弈过程中,司法机关往往占据着优势地位,从而使得电视媒体更加倾向于非介入式的"记录体"话语表达方式。其次,从中国电视法治公共领域在国家法治话语系统的地位来看,立法、执法、司法、普法作为中国法治系统的四大组成部分,立法居于基础性地位,执法、司法依法律法规而行,普法主要承担着"普及法治知识"的功能。作为"普法"系统的子系统,电视法制节目往往只能在"普法"的话语框架下运行,而"记录体"恰恰正是这种运行机制的直接产物。最后,从中国电视法治公共领域的功能边界来看,作为"意见的公开市场",其仅仅具有观点、意见交换的功能,并通过这种观点、意见的交流凝聚社会共识,从而间接作用于公共法治问题的解决和社会秩序的建构,而不能直接解决相关的法治公共问题,只能经由国家立法机关、执法机关、司法机关等予以解决,从而达成各方的协作一致。因此,从这个意义上说,中国电视法治公共领域对非介入式"记录体"话语方式的确立,也是其对自身功能边界的合理认知结果,对于维护社会分工秩序,同样具有积极的作用。

3.4.3 故事化:"记录体"的现实选择

"记录体"作为中国电视法治公共领域在探索期所确立的一种法治话语表达方式,主要解决了中国电视法治公共领域与外部环境之间的关系协调问题,确立了基本成熟的中国电视法治公共领域议题呈现功能模式。但是,这种脱胎于新闻纪录片的"记录体"仍然存在着"从整体上缺乏生气和活力,充斥着高亢空洞的口号和大同小异的画面,给人留下的,主要是呆板、单调的模糊印象"等问题[33][34]。如何改变这种呆板、单调的法治话语风格,更好地呈现法治公共议题,成为开创期中国电视法治公共领域需要解决的一个重要问题。可喜的是,伴随着这一时期电视改革的日趋活跃,"故事化"这一特殊的法治话语表达方式得以引入,为记录体的改良注入了强劲的活力。

首先,故事化消解了法律语言本身的晦涩与枯燥。法律语言作为以书面文本为最终呈现形式的行为规范,是国家法治话语的体现,同时也是国家法治权力机关与全体社会公民共享的法治话语体系。因此,法律语言必须在坚持自身的专业性、逻辑性的同时,寻求与作为社会大多数的普通公众的通俗性需求相平衡。但是,在现实中,法律语言对专业性、逻辑性的注重往往超过了对通俗性的关照。以《中华人民共和国民法总则》为例,其中就包括了诸如自然人、法人、平等主体、民事权利能力、民事行为能力等大量的法律术语,这些术语往往并非人们日常生活中的常见用语,这对普通公众而言,要理解其中的内涵,并非易事。与此同时,对于其中的每一条法律,均是按照严格的逻辑,以平铺直叙的理性化、书面化语言予以阐释,用语极为单调和枯燥,也造成了普通公众理解的乏味。此外,仅一部民法总则,其法条就多达206条,普通公众不仅难以观其全貌,更难以把握其中的精要。一部民法总则尚且如此,对于整个庞大的法律体系而言,普通公众更是只能望而却步。但是,自《社会经纬》开始,中国电视法治公共领域正式亮出了故事化的话语口号,以"大形象,小概念"的故事化操作方式,从受众身边的故事中选择话题,以"一个个具体的故事"去阐述与公众生活密切相关的法条,使得节目的生动性、形象性得到了极大提升,也使得晦涩难懂的枯燥法律条文跃然屏上。

其次,故事化适应了中国普通公众传统的文化生活习惯。对于普通中国公众而言,法治是一种陌生的叙事,但是故事却是熟悉的。从古时的"说

---

[33] 郭镇之:《中国电视史》,文化艺术出版社,1997。
[34] 黄海星:《〈社会经纬〉改版后法制专题节目的定位》,《电视研究》1999年第3期。

书""看戏"到电视诞生之初观众对电视剧、"缩型电影""电视戏剧"的趋之若鹜,无不显示了故事对于中国普通公众的强大吸引力。这种现实的社会环境,造就了故事化在中国电视法治公共领域的广阔生存空间。

最后,故事化适应了中国法治土壤贫瘠的总体社会现实。央视社教中心,既是明确提出故事化表达方式的《社会经纬》的开创之地,又是中国电视法治公共领域的重地。其中心主任高峰曾经讲述过发生在1994年前后的一则故事:在央视的西门外,人们说说笑笑地跨过一个年轻人的"地铺"。这是一件令人见怪不怪之事。但是,某一天,人们却发现这个年轻人吊死在了旁边的一棵树上。这是一个"没有法治教育,也不知道要法治"的时代,这一给人打上法治烙印的事件,更是一个公民法治意识淡薄的时代悲剧[35]。故事化以"身边的法治""生活中的法治"为立足点,通过"法治故事"这种特殊的话语表达方式,紧紧握住了普通公众的手,有效拉近了法治与生活之间的距离,实现了现代法治与中国社会的相互融合,在一点一滴的故事讲述中,厚植了中国法治的土壤。

3.4.4 "化枯燥为形象":故事化的编码逻辑

根据英国文化研究学者斯图尔特·霍尔的电视传播编码/解码传播过程模型,中国研究者吴桂莉提出了电视法制节目的双重编码理论,认为由于法律本身的专业化特征,电视法制节目存在着普通编码和法律编码两个主要环节[36]。而"化枯燥为形象"的故事化编码方式,正是中国电视法制节目和中国电视法治公共领域的主要编码逻辑。这种编码逻辑具有以下几个方面的特征:

---

[35] 中央电视台《社会经纬》栏目组:《社会经纬.1》,中国人民公安大学出版社,2002。

[36] 吴桂莉:《论电视法制节目传播过程的"双重编码"与"双重解码"》,《浙江工商大学学报》2006年第4期。

1.选题的生活化。只有身边的故事,才最容易产生打动人心的力量。《社会经纬》在发展的过程中,围绕故事化的话语表达方式,在关注大案要案的同时,已经开始注重更多地选择老百姓日常"打官司、遭遇法律的亲身经历"[37]。比如,其所推出的一期《同室操戈:亲姐妹硫酸毁容》节目,通过对发生在一个家庭内部的悲剧,展现了故事之中姐妹之间、姐妹与父母之间复杂交织的法理与情感的冲突,观众观之,仿佛有发生在身侧之感,令人印象极为深刻。与此类似的节目,还有《父子情薄》《"心"的诉讼》《未能出庭的受害人》《监护权到底属于谁》等。这样的选题,涉及了家庭内部、邻里之间、家庭与社会等各种不同的生活场景,在提升公众注意力方面有着极大的作用。

2.情节的曲折化。故事化的关键在结构,在于情节的曲折感人、引人入胜。首先,在情节的整体设计方面,故事化摆脱了平铺直叙的常规话语表达方式,从真实法治故事本身的行进逻辑中,挖掘相关的冲突点,进而以艺术化表现手段予以重新编排,并以此取得不一样的传播效果。这方面,《社会经纬》有过这样一个正反两面探索的经验和教训:该栏目曾经在一期节目中,平铺直叙地讲述了一名老太太来到法院状告一家保险公司,为其孙子索要因孩子的父母由于车祸身亡而应得的130万元保险赔偿的事件经过。但是,节目却在整体上给人一种"索然无味"之感。为此,栏目组内部经过深入思考,认为:如果将该节目的整体情节设计修改为以交代车祸发生为切入点,提起观众兴趣,然后介绍死者为"夫妻二人",继而引发"一个三岁男孩在其监护人的带领下"向保险公司求偿这样层层揭露的"悬念式"设计,其结果也将因其新、因其奇而大不相同[38]。有了这样的反思,《社会经纬》在讲故事方面的手段得到了极大的改进,"悬念式"情节设计手段也得到了大规模的运用。除了在整体情节设计方面注重曲折性之外,故事化表现手段还在细

---

[37] 黄海星:《〈社会经纬〉改版后法制专题节目的定位》,《电视研究》1999年第3期。
[38] 尹力:《办出特色 更上一层楼——由〈社会经纬〉谈法制节目》,《电视研究》1997年第6期。

节上着墨,以增强情节的吸引力。比如,在一期《监护权到底属于谁》节目中,就大量拍摄并展现了故事主人公小子灏的父母所乘缆车的坠落地点、其父母的生前照片、双方老人对子女的怀念画面等,起到了强化关键要素和生动感人的情节效果的作用[39]。

3. 视角的全知化。文本、叙述者和视角是叙事研究的三大要素。其中,叙述者的视角往往决定了其所讲述故事的基本面貌,也深刻影响了故事讲述者的情感和态度,以及故事的整体效果。叙述视角按其视域的不同可以分为全知视角和限制视角两种类型。其中,全知视角指"叙述者处于所述事件之外,不参与事件发展进程,只是以'客观'的口吻讲述事件本身",并且"叙述者知道的比事件当事人多";限制视角则指"叙述者处于所述事件以内,间或参与事件发展进程,整个事件都是通过该叙述者的眼光来叙述的",具有知道事件的有限性的特征[40]。《社会经纬》即采用了全知视角。栏目每期均由主持人、出镜记者、当事人等共同来完成一件故事的叙述。在每期节目中,当事人往往以限制视角的面貌出现,虽然知道的事情有限,但是却极为真实、饱含情感,而主持人、出镜记者则以全知视角的面貌出现,通过主持人串联和记者调查相互穿插的方式,将各种限制视角串联在了一起,不仅信息量丰富、完整,还将情感与法理有机结合在了一起,共同营造出了一幅形象生动的叙事场景。

3.4.5 隐含的意义:故事化背后的法治意识形态

"文以载道"是中国古人们对文学、文章的社会作用、社会价值的集中归纳。开创期的中国电视法治公共领域,虽然摸索出了故事化"记录体"的独特话语表达方式,但是这种故事、记录却并非简单地为讲故事而讲故事,为

---

[39] 冯隽:《把枯躁的法律条文故事化——谈央视"社会经纬"栏目》,《新闻与写作》2001年第11期。
[40] 孟超:《〈今日说法〉的叙事学分析》,《新闻世界》2010年第6期。

记录而记录,而是具有丰富的隐含意义——法治意识形态。就意识形态本身而言,其主要是指特定时空条件下一个社会群体的观念的集合,包括了观念和知识两个层面。开创期的中国法治公共领域也主要是沿着这两个方向纵深推进。其中,在观念的层面,中国电视法治公共领域所秉承的宗旨主要是"普及法律知识,增强法律意识,弘扬道德风尚,宣传精神文明"[41]。这条宗旨还隐含了"公开、公平、公正"的社会价值追求和"依法办事"的社会行为规范。这种理念贯穿了探索期中国电视法治公共领域的始终。而在知识的层面,几乎每一期电视法制节目、每一个电视法治故事,其背后均蕴含了一条对法律规定的解读。比如,播出的一名硕士毕业生因"回扣"与受贿区分不清的故事,揭示的就是法律意识淡薄所引发的后果;《吴越打官司的故事》,呈现的是一个版权纠纷的故事,但是其背后所讲解的则是版权保护的法律知识;《监护权到底属于谁》,讲述的是一个幼年丧失父母的孩子的可怜故事,背后探讨的则主要是监护权的问题。需要注意的是,知识是观念的基础,观念是知识的提升,两者总是处于交互融合的状态之中。透过故事,电视法制节目传递的是法律知识,而在法律知识的背后,则是"公开、公平、公正"的法治理念和"知法、尊法、守法、信法"的法治意识。可以说,以《社会经纬》为代表的电视法治传播实践,已经将法治知识、法治观念有机地融入故事化"记录体"的具体表达之中,已经为中国电视法治公共领域建构提供了基本的价值遵循。

---

[41] 尹力:《办出特色 更上一层楼——由〈社会经纬〉谈法制节目》,《电视研究》1997年第6期。

4 中国电视法治公共领域的扩张与"说法体"的兴盛

自1999年以来,中国电视法治公共领域的建构语境发生了剧烈的变化。一方面,改革开放高歌猛进、社会秩序加速重构,为中国电视法治公共领域的建构提供了更加充分的前提条件。另一方面,国家法律体系的正式建成和公民法治素养的普遍提升,为中国电视法治公共领域的运行提供了更加成熟的理性准备。同时,伴随着民生化新闻改革的深入和市场利益的驱动,中国电视迎来了行业发展史上难得的扩张期。

在这样的背景下,以央视法治公共领域为代表的中国电视法治公共领域迎来了一个快速扩张的大发展时期。继《社会经纬》实现了央视涉法传播的栏目化、稳定化之后,1999年1月2日,又一档名为《今日说法》的电视法制栏目顺利开播,并且实现了对前者社会影响力的大幅超越。在此之后,2003年2月10日,一档专注于中国特色社会主义市场经济法治的细分栏目《经济与法》在央视经济频道正式播出;2003年5月1日,一档将法治题材与电视新闻手段相结合的报道类法治新形态栏目《法治在线》在央视经济频道正式开播;2004年12月28日,开播不到3年的央视西部频道正式更名为"社会与法频道",这不仅意味着作为国家台的央视有了专门的电视法治频道,而且标志着中国电视法治公共领域的建构有了更加广阔的空间。

特别值得一提的是,在这一时期的纵向扩张潮流之中,《今日说法》以"故事+访谈"的节目结构形式,不仅延续了《社会经纬》所确立的故事化"记录体"电视法治话语表达方式,而且创造性地推出了"说法体"的电视法治话语新形态,不仅使继故事化"记录体"之后的又一电视法治话语要素在中国电视法治公共领域中得以确立,而且还在央视内部乃至全国各地方电视台掀起了一股电视"说法"的热潮,有效实现了将中国电视法治公共领域从探索期的议题呈现单一功能向议题呈现、意见交流双重功能的重大扩张。这种以直接对话为显著特征的意见交换平台的建构和话语表达方式的确立,已经在中国电视法治公共领域的关键部位取得了纵深性的突破,标志着中国电视法治公共领域迈上了一个新的台阶,对于推动其走向成熟发挥了至关重要的作用。

4.1 扩张期中国电视法治公共领域的建构语境

4.1.1 高歌猛进的改革开放与加速重构的社会秩序

自党的十五大以来,中国共产党针对国内外所面临的实际形势,从经济、政治、社会等各个方面,持续加深改革开放。其中,在对内改革方面,着力推进了国有企业改革、社会保障制度改革、国家机构改革等经济、政治领域的各项改革,有效完善了社会主义市场经济体制,并适配了相应的国家政治体系。在对外开放方面,2001年,在经历了长达4年的"入世"谈判之后,中国正式加入了世界贸易组织,标志着我国对外开放进入了一个全新的历史阶段,此后中国按照自身的"入世"承诺,不断完善农业、制造业、金融业等相关行业的市场准入,积极扩大对外贸易,加快融入国际经济体系。在上述综合因素的推动下,中国国内生产总值由2000年的10.028万亿元迅速跃升至2010年的41.303万亿元,人均GDP也由1999年的6517元跃升至2010年的29678元,人民生活水平在总体上已经达到了小康水平,并从世界低收入国家行列进入了世界中下收入国家行列。与此同时,在"人才强国"的战略指导下,1999年,中国高校第一次大规模扩招,当年招生人数从1998年的108万人增加到了160万人,招生人数到2010年已经增加到了657万人,录取比例高达69%,标志着中国国民接受高等教育的比例有了较大幅度的提升。由此可见,相较于1999年以前,中国人民的个人财富和受教育水平又有了更大幅度的提升,这为包括中国电视法治公共领域在内的整个公共领域的发展创造了更加充分有利的前提条件。

如果说从1978年到1998年的这20年间,中国改革开放是一段缓慢起步的历史进程的话,那么自1999年以来的中国改革开放则进入了高歌猛进的历史新阶段。这一时期,改革开放的剧烈震动,必然也带来了国家与社会关系的深刻调整,具体体现为社会结构的更趋复杂化、利益格局的更趋多样化、价值观念的更趋多元化。这一时期,农村土地征用、城镇房屋拆迁、国有企业改制、劳资冲突、农民工进城务工、公共安全事故、贫富差距扩大、贪污腐败等引发的社会矛盾趋于尖锐,涉及农民、城镇居民、库区移民、离退休人员、个体工商户、出租车司机、学生、军队退役人员等诸多社会群体,由此引发了大量的上访、集会、请愿、游行、示威、罢工等群体性事件[1]。这些问题的解决,除了需要国家加大社会治理、社会秩序重构力度,也需要社会各界的广泛参与,通过强化沟通的方式交流意见、寻找对策,从而有效助力社会紧张关系的缓解。在此过程中,作为国家与社会中介的公共领域的作用异常凸显,而作为公共领域主要平台的大众传媒,特别是作为大众传媒中最具影响力的电视媒体的作用尤其显著。这同时也从另一个方面为中国电视法治公共领域的扩张创造了更加充分而有利的条件。

---

[1] 曹普:《当代中国改革开放史(下卷)》,人民出版社,2016。

4.1.2 国家法律体系的建成与公民法治素养的提升

在经历了近 20 年的国家法律体系建设之后，截至 1999 年，中国已经制定了 300 余种法律，为社会各个领域的正常运作提供了基本的秩序遵循。在此之后，中国法律体系建设进一步加快推进。2000 年 3 月，第九届全国人民代表大会第三次会议审议通过了《中华人民共和国立法法（草案）》，从源头上为国家立法的科学化、规范化提供了基本的指引和依据。2003 年 8 月，第十届全国人民代表大会常务委员会第四次会议通过《中华人民共和国行政许可法》，与《中华人民共和国行政诉讼法》《中华人民共和国行政复议法》《中华人民共和国国家赔偿法》等一道，将依法行政、建设法治政府的工作持续向纵深推进。在司法体制改革方面，1999 年，最高人民法院推出《人民法院改革五年纲要》，对死刑核准、公开审判、管辖、证据、再审、执行、审判委员会、人民陪审员等各个方面进行了完善；在检察制度改革方面，2000 年，最高人民检察院推出《检察改革三年实施意见》，对审查逮捕方式、刑事赔偿确认程序、查办职务犯罪内部制约等方面不断改革。在完善各项法律法规的同时，中国法律体系建设还紧随时代发展的步伐，根据社会发展的需要推出了《中华人民共和国物权法》《中国人民共和国政府信息公开条例》等众多法律法规，对于化解社会矛盾、维护社会秩序起到了至关重要的作用。通过上述努力，即便是在当时中国社会秩序深刻变革的形势下，中国的法律体系也已经基本具备了较好协调社会各个领域的法律关系的能力。基于此，2011 年 3 月，在第十一届全国人民代表大会第四次会议上，时任全国人大常委会委员长吴邦国正式宣布，"中国特色社会主义法律体系已经建成"[2]。

---

[2] 黄远声、冯纪元：《改革开放以来我国法治国家建设的历程及经验》，《武汉科技大学学报（社会科学版）》2015 年第 4 期。

从1986年"一五"普法开始,到2010年"五五"普法结束,中国已经走过了连续不断的25年普法的历程。在此过程中,国家普法将人大普法、公检法自身的普法与大众传媒的普法紧密结合,已经取得了较好的效果,国民整体的法治素养得到了较大程度的提升。这里的定性结论,可以从以下两份调查研究数据中得到印证。其中,2006年,一项针对农民工的法治素养调查结果显示,当遇到纠纷时,有高达44.8%的农民工打算遵循法律和政策规定解决问题,并且许多农民工还能指出为数不少的法律种类名称[3]。2010年,一项针对大学生群体的法治素养调查结果显示,在遇到权益遭受侵害的问题时,有多达61.3%的学生打算寻求法律的手段予以解决,有19.8%的学生打算寻求行政途径解决,两者比例合计高达80%以上,体现了"遇事找法"理念在大学生群体中深入人心;并且,相当比例的大学生对基础法律知识的掌握的回答也较为理想[4]。这两项调查,一项针对的是在中国具有上亿规模的农民工群体,一项针对的是数量庞大的大学生群体。其中,农民工群体与农村紧密结合,是中国农民群体的代表,其法治素养从某种程度上反映了中国农民群体整体的法治素养面貌;大学生群体与城市居民具有相近的生存特质,对整个城市居民的法治素养状况也具有一定的代表性。

4.1.3 电视市场化与民生化的互动演进

1979年,上海电视台播出了中国电视史上的第一条商业广告《参桂补酒》,这标志着中国电视的商业属性不仅得到了社会的承认,同时也得到了体制的认可。自此以后,中国电视掀开了市场化改革的历史新篇章。特别是到了世纪之交的2000年左右,在"四级办电视"、电视机的基本普及和中

---

[3] 马昊、都沙、令狐昌芹:《当前我国农民工法律素质状况的调查与分析》,《北京电子科技学院学报》2006年第3期。

[4] 周洁:《大学生法律素养现状调查与分析》,《湖北经济学院学报(人文社会科学版)》2010年第11期。

国经济高速增长三大因素的合力支撑下,整个中国电视行业迎来了繁荣发展的行业生命周期。相关统计数据显示,在1999年,中国电视广告收入仅为156.1亿元,但是到了2010年前后,这一数据已经突破了1000亿元大关[5][6]。这一时期,不管是央视,还是省级电视台,或是市县电视台,开办一个电视频道就意味着增加几百万、几千万乃至上亿元的收入。于是,全国各级电视台纷纷向国家广电总局申请新的电视频道,各家电视台的频道数量少则几套,多则十几套。2006年底,全国电视频道数量规模已经达到2984套之巨[7]。其中,作为国家大台的央视也不例外。笔者通过梳理发现,在改革开放之初,央视仅仅拥有两套节目,一直到1991年底也仅发展至三套节目,但是到了2008年则已经快速扩张至19个开路频道,包括综合频道、经济频道、综艺频道、电视剧频道、新闻频道等等,社会与法频道也在此种背景下应运而生[8]。

频道数量的扩张,同样也扩大了自制节目的需求,由此推动了电视频道的专业化与电视节目的细分化发展。与此同时,不管是频道数量的扩张还是节目数量的增长,均是传媒市场客观规律推动的产物,必须适应受众文化消费的需求,由此催生出了一种被称为"民生新闻"的独特节目类型。这种新闻以紧密关注市民日常衣食住行、教育、医疗、就业等各个方面的内容为主要话题,并以平民的视角、生活的话语、人文的情怀,与广大市民同呼吸、共命运,迅速占据了电视收视的制高点,涌现出了如江苏电视台城市频道《南京零距离》、北京电视台《第七日》、深圳电视台《第一现场》等大量知名民生新闻栏目。不仅如此,这种市场因素驱动下的电视内容主动变革,与行业一直推进的新闻改革相互结合,在全国掀起了一股民生化的新闻报道、专题报道热潮。受此影响,中国电视法制节目也汲取了其中的有益因素,央视《今日说法》、南京电视台《法治现场》、广西电视台《法治最前线》也因此得以诞生。

---

[5] 常江:《中国电视史(1958—2008)》,北京大学出版社,2018。
[6] 崔保国主编《中国传媒产业发展报告(2016)》,社会科学文献出版社,2016。
[7] 黄炜:《电视频道过多及其引发的连锁问题》,《发展》2015年第11期。
[8] 赵化勇主编《中央电视台发展史1958~1997》,中国广播电视出版社,2008。

客观来说，不管是社会与法频道的诞生，还是《今日说法》等大量法制节目的出现，一方面得益于中国法治建设加快推进的有力推动，另一方面在很大程度上可以说是传媒市场化、节目民生化改革的产物。不管基于何种因由，中国电视法治公共领域确实因此而获得了快速的扩张，这不能不说是其发展历程中的一件值得肯定之事。

4.2 中国电视法治公共领域的极速扩张

4.2.1 《今日说法》:"说法体"话语模式的强势崛起

《今日说法》作为央视首档日播电视法制栏目，早在 1997 年 1 月就已经进入了酝酿状态。据这一时期的主持人肖晓琳回忆:"当时央视只有一个法制栏目《社会经纬》，我们觉得光有一个法制栏目是不够的……无论从一种朴素的愿望来看，还是从一种电视人的角度来看，还是从当时的国情这个大局势来看，我们都觉得很有必要创办一个法制栏目"[9]。《今日说法》节目名称源于当时的央视专题部主任尹力的灵感——"讨个说法"，但是鉴于其中的"讨个"调侃性太强的缘故，并考虑到节目的日播形态，因此最终定名为《今日说法》。开播之初，栏目每期仅有 15 分钟的时长，具体播出平台和时间为央视一套每天中午的 12:37。开播伊始，栏目就将自身宗旨定位为"重在普法，监督执法，推动立法，为百姓办实事"，显示了其在自身功能方面的主动拓展，即从过去单一的普法功能向执法监督功能、立法推动功能等法治领域的扩张，同时也体现了国家法治建设水平提升、公民对参与国家法治建设的要求增加，以及电视民生化改革的积极趋向。在此宗旨下，栏目一方面充分吸

---

[9] 小笛:《给弱者讨个说法》,《当代电视》2000 年第 19 期。

纳并进一步发展了《社会经纬》的故事化"记录体"法治话语表达特色,另一方面则围绕"说"的元素,引入了电视访谈的节目形式,从而形成了"故事+访谈"的节目结构方式。在两者的比例设计上,故事板块在节目中的时长约为10分钟,主持人与嘉宾的访谈板块在节目中的时长约为5分钟。这种全新的节目样态,打破了过去央视法制节目单一的叙事表达模式,在一定程度上将节目打造成为一个围绕法治公共议题展开讨论的法治公共话语平台。由此,中国电视法制节目真正具备了触及核心的公共领域意义。也正因如此,《今日说法》自推出以来,收视成绩节节攀升,很快就拥有了5000万人以上的受众规模,并且占据了午间全国同时段市场份额的5%,收视率也高达5%以上。

2002年,《今日说法》迎来第一次改版。改版之后的《今日说法》一方面在节目结构上去除了嘉宾讨论板块,形成了主持人介绍、案例播放和专家点评板块,另一方面在选题上进一步突出了与公众更加密切相关的法治故事的选取。同时,将每期节目时长由15分钟延长到了20分钟,其中的访谈部分时长仍然维持在5分钟左右[10]。这种做法,既有利于节目结构的简洁、顺畅,又有利于更好地讲述故事和更加集中地展开话题讨论。事实上,原来的嘉宾讨论板块和专家点评板块本身就具有重复性,并且访谈过于分散,不利于观点的集中呈现,而改版优化后则有效解决了这一问题,不仅没有损害栏目的法治公共论坛地位,而且有力强化了栏目的整体理性思辨色彩。

2010年,《今日说法》再次改版,栏目时长由第一次改版后的20分钟进一步延长至30分钟,同时访谈板块仍然维持在5分钟左右。这次改版,使得整个栏目的故事板块更加丰满,同时也为访谈板块提供了更加扎实的背景支撑,并使该板块的讨论更加精准和深刻。

《今日说法》的推出,深刻影响了中国电视法制节目的发展。无论是在央

---

[10] 蔡祥荣:《情系百姓 立足普法——浅析〈今日说法〉如何坚持"三贴近"》,《福建师范大学福清分校学报》2005年第3期。

视还是地方电视台,"说法"几乎一时之间成为所有电视法制节目竞相模仿的潮流。即便是央视以新闻为主打特色的《法治在线》栏目,在开播之初也开设了《法治聚焦》谈话板块。可以说,《今日说法》不仅意味着中国电视法治"说法体"话语模式的强势崛起,而且是中国电视法治公共领域扩张的主要标志。

4.2.2 《经济与法》:专业细分趋势下的独特法治公共领域

法律作为社会生活的基本规范,深入到了国家政治、经济、文化、社会等各个领域。与此相应,中国电视法治公共领域所呈现与讨论的议题同样也涉及了上述不同领域的法治化问题。其中,电视经济法治公共领域即为电视法治公共领域的一个重要子领域。自改革开放以来,中国将经济建设作为国家整体建设的重心,致力于建构完善的具有中国特色的社会主义市场经济体制。从根本上说,市场经济即法治化经济,所有市场主体均必须在规则的制约下、在法治的轨道上开展市场经济活动。但是,由于中国电视法治公共领域仍处于不成熟的状态,使得在这一领域中并未出现专门的电视经济法治公共领域。2003年2月,伴随着中国电视法治公共领域的快速扩张,一档名为《经济与法》的法制栏目正式出现在了央视财经频道的荧屏上。这档栏目紧紧抓住了中国尚未有一档经济法制栏目的空白,主动肩负起"推动市场规范性发展"的社会重任,从而在中国电视法治公共领域专业细分的扩张趋势下开辟了一个独特的空间。该栏目虽然在节目选材上占据了一定的有利空间,但是其后来的发展并非一帆风顺,并在多次改版之后才找到发展的方向。比如,在受众定位上,该栏目最初以"所有对法律感兴趣的经济人士"[11]为目标受众群体,但由于此类"经济人士"在整体规模上的局限性,栏目又于2005年改版时将其目标受众范围调整为更大规模的普通受众,并以

---

[11] 田秋丽:《〈经济与法〉栏目成功之道的法律视角分析》,《新闻战线》2014年第9期。

"好看加实用"去"尽可能拦截大多数观众"[12]。相应地，栏目在选材上也由最初以经济领域的民商案件为主，逐渐转向了从法治视角关注与企业或百姓生活相关的包括热点经济案件、日常经济纠纷等在内的经济法治问题。随着这一节目思路的调整，以《揭露网络黑市》《追讨千万工程款》《逃不掉的老赖》《危险的短板》《"万里大造林"骗局》《特大地沟油案件》《瘦肉精案件始末》《"僵尸肉"到底咋回事》等一大批既为经济专业人士关注，又为普通社会公众聚焦的经济法制节目得以成功推出，从而真正确立了该栏目在电视经济法治公共领域中的话语地位。

4.2.3 《法治在线》："记录体"的新闻话语表达变体

诚如前文所言，中国电视法治公共领域要获得其对社会秩序重构的影响力，就必须在注重真实性的前提下，增强呈现议题的新闻性。2003年5月1日，央视新闻频道开播，为中国电视法治公共领域在新闻性方面的探索提供了一次难得的契机。同时，该频道正式推出了一档"把法治题材与电视新闻手段相结合"[13]的创新法制栏目——《法治现场》。这档栏目以"与您一同触摸中国法治进程的脉搏"为宗旨，注重新闻时效性、法治思想性和法律服务性的结合，每期时长20分钟。开播之初，栏目推出了《第一现场》《法治聚焦》《互动地带》三个板块。其中，《第一现场》为该栏目的核心板块，与栏目所在的新闻频道的新闻直播特点相结合，摒弃"完成式"这一"记录体"主要话语表达方式，而将"进行时""现场感"作为栏目的主打，曾经第一时间独家报道了"贪官王怀忠案""刘涌再审案""马加爵案""杨新海连环杀人案"等重大法治案件，并积极介入立法公共领域，对《中华人民共和国居民

---

[12] 顾亚奇：《〈经济与法〉凸显电视栏目成功的普适性要素》，《现代传播：中国传媒大学学报》2007年第5期。

[13] 尹鸿：《"第一现场"：法制电视节目的新闻化探索——以中央电视台〈法治在线〉为例》，《现代传播：中国传媒大学学报》2008年第3期。

身份证法》《中华人民共和国物权法（草案）》《中华人民共和国个人所得税法修正案》等法律法规进行了直播呈现[14]。特别是2003年7月27日，该板块以《夜捕飞车贼》为题，对广州某高架桥上飞车团伙抢夺行人财物的报道，更是将中国电视法治公共领域的新闻性体现到了极致。在该期节目中，记者通过隐藏在高架桥边一座居民楼内的摄像机，真实记录了飞车团伙拖行一名不愿放手的被抢劫行人长达20多米的1分钟长镜头，将飞车贼的张狂表现得淋漓尽致，引发社会震动（文本概况见表4-1）。在节目中，景别的动态变化、画面的快速切换以及对案件现场音响的准确拾取和使用，不仅具有强烈的新闻性，更是体现出了强烈的真实感和现场感，这种将新闻报道与纪实风格相互融合的独特的声画合一的纪实性话语表达方式，从本质上说仍然是一种"记录体"的话语表达，可以称为"记录体"的新闻式话语表达变体，这对于探索如何呈现更加富有社会秩序建构能力的法治公共议题具有重要的积极意义。

表4-1 央视《法治在线》20030727期《夜捕飞车贼》节目片段[15]

序号	景别	字幕/画面	同期声/解说
1	/	字幕：凌晨两点 广州内环路高架桥 火车站路段	无
2	大全景	火车站广场	嘈杂的车流声
3	特写	驾驶摩托车的几名飞车贼聚集	摩托车轰鸣声
4	由全景到中景	一辆客车进站 飞车贼驾驶摩托车靠近	车流声

---

[14] 时统宇：《法制类电视节目创新创优的几个问题——以央视〈法治在线〉栏目为例》，《中国广播电视学刊》2004年第5期。

[15] 吴闯：《"第一现场"的纪实性表达与新闻性本位》，《现代传播：中国传媒大学学报》2008年第3期。

续 表

序号	景别	字幕/画面	同期声/解说
5	由中景到特写再到全景	一名飞车贼抢过一名女乘客的挎包并飞车逃窜	摩托车飞驰的马达声
6	由全景到中景再到特写	一名飞车贼下车强行抢夺女乘客的提包,受害者倒地并被拖行20多米 飞车贼殴打受害者,抢下提包后跳上同伙的摩托车	车流声、受害者呼救叫喊声

4.2.4 社会与法频道:电视法治公共领域的横向扩张

2004年12月28日,央视社会与法频道取代原西部频道,正式面向全国播出,成为中国唯一的国家级法制专业频道和上星播出的法制专业频道[16]。社会与法频道的推出,适应了国家依法治国的战略推进需要,也适应了中国电视法治公共领域扩张的需要。频道以"公民、公正、公益"为核心理念,将法治与社会紧密结合,从广阔的社会视角关注中国法治变化、建构中国电视法治公共领域。频道甫一开播,即推出了《中国法治报道》《大家看法》《道德观察》《第一线》《忏悔录》《法治视界》《庭审现场》《法律讲堂》《天网》等10余档电视法制栏目。

其中,《中国法治报道》作为纯新闻资讯类电视法制栏目,突破了央视此前在法治报道数量规模方面的局限性,将关注的焦点投向了立法、执法、司法及社会法治事件等更加广阔的领域的动态变化,第一时间予以全面报道,进一步夯实了中国电视法治公共领域的议题呈现功能;《庭审现场》《天网》等作为纯"记录体"的电视法制节目类型,通过故事化或纪录片式的电视法

---

[16]《中国广告》编辑部:《打造中国最具影响力的法制专业频道——央视〈社会与法〉频道于2004年12月28日正式开播》,《中国广告》2005年第2期。

治话语表达方式,在法治公共议题的深度方面不断开掘;《大家说法》则进一步突出了中国电视节目的法治公共论坛作用,通过邀请专家和观众在演播室内访谈、短信、网络可视电话等手段,就法治公共议题充分交流和探讨;《道德观察》《心理访谈》等还从社会道德、社会心理等角度将法律与道德、心理等因素紧密结合,使中国电视法治公共领域法治话语视角更加多元化。

可以说,社会与法频道的开播,一方面因节目数量的增多而极大拓展了中国电视法治公共领域的话语空间,另一方面也因节目形态的多样化而极大丰富了中国电视法治公共领域的话语形态。由此,央视已经形成了以社会与法频道为主体,综合频道《今日说法》、经济频道《经济与法》、新闻频道《法治现场》相互支撑的电视法治公共领域传播体系。尽管后来的运作实践表明,上述部分法制栏目仍然存在着节目形式、话语方式等方面的不足,并且有部分栏目还因此而走向消失(如《中国法治报道》《大家看法》等),但是这种平台的壮大和节目规模扩张的局面,却是中国电视法治公共领域建构历史上从未有过的,从客观上表明了中国电视法治公共领域在横向扩张方面已经取得了根本性的突破。

4.3 扩张期中国电视法治公共领域的结构形态

4.3.1 突变:中国电视法治公共领域的极速膨胀

从1980年至1998年的近20年时间里,央视在跌跌撞撞中仅形成了《社会经纬》这唯一一档相对成熟的电视法制栏目。但是,在1999年到2004年这短短的5年时间里,央视不仅新增了《今日说法》《经济与法》《法治现场》三档各具特色、传播影响力显著的电视法制栏目,还成功推出了社会与法频道,并进一步带动了10余档新的电视法制栏目的推出。这种极速膨胀的势头,我们以"突变"一词来进行描述也并不为过。

从公共领域本身的视角来看,其空间的大小主要决定了为参与主体提供的公共意见交流平台的多寡。具体到中国电视法治公共领域,衡量其空间大小的指标则主要是空间所依托的电视法制节目数量的多少。毫无疑问,上述三档品牌电视法制栏目的成功推出和社会与法频道的开播,使得中国电视法治公共领域有了极其广阔的发挥空间。其中,《今日说法》每日播出,每期节目时长由最初的15分钟扩展到了30分钟;《经济与法》每周一至周五播出,每期时长30分钟;《法治在线》每周一至周六播出,每期时长25分钟;社会与法频道每天播出,日播时长18个小时以上。反观《今日说法》诞生以前的《社会经纬》,其播出频率则为每周一次,尽管每期时长长达45分钟,但相对而言其影响力依然有限。央视《今日说法》栏目制片人曾将这种受到空间制约的感觉称为"就像在桌子上跳舞"。然而,由于节目数量、种类的增多和专业化平台的出现,中国电视法治公共领域不仅在公共议题呈现方面有了更加充足的依托,而且在议题呈现之外,以更加多元的视角表达更加丰富的观点和话语,从而进一步充实中国电视法治公共领域的法治话语内容。不仅如此,通过这一时期的扩张,央视以法治为主题和宗旨的涉法传播活动有了更加集中和独立的平台,相应地,其非法制类节目的涉法报道逐步减少,这既有利于节目本身的进一步专业化、规模化发展,同时也可以在汇聚观众注意力方面形成更大的优势。从上述意义上说,中国电视法治公共领域的扩张,不仅仅是一种规模的扩张,更是一种质量的飞跃,是一种从量变到质变的巨大突破。

4.3.2 集中:直接对话空间的强势崛起及其功能转向

从中国电视法治公共领域的结构层次来说,其在扩张期还实现了从间接对话空间向直接对话空间转变的重大突破。如前所述,间接对话空间作为一种基础层次的中国电视法治公共领域,仅能以非直接对话的叙述文本方式作用于整个社会,从而引发社会对法治公共议题的广泛讨论。在该空间范围内,各种形式的法治公共意见交流并非发生于作为平台的节目之内,更谈不上电视媒介对此类议题讨论的组织。然而,到了扩张期,中国电视法治公共领域不仅有了议题呈现的功能,而且有了议题讨论的组织和呈现功能,标志着中国电视法治公共领域在功能上的基本完善,也标志着中国电视媒体在法治公共领域中的作用与价值已经得到了进一步的提升。比如,在《今日说法》中,每期节目在完成叙事之后,都有固定设置的5分钟谈话时间。在这段谈话时间里,节目邀请来自国家政法系统、高等院校的相关法治专家学者,心理学、社会学等其他专家学者,乃至普通的社会公众进入演播厅,与主持人围绕前一板块中的法治故事进行一对一的交流和探讨,并直观地将交流和探讨的过程呈现在观众面前。又比如,在《法治在线》的开办初期,其也主要采用"案例再现+演播室评说"的节目结构模式,在通过"第一现场"板块完成议题呈现功能之后,随即推出了两个板块的谈话节目,分别为"法制聚焦"和"互动地带"。在这两个板块之中,"法制聚焦"主要由主持人与专家学者围绕相关法治议题进行深入解读、交流看法,"互动地带"则由节目与观众进行互动沟通[17]。还比如,为了突出平台的法治公共议题交流功能,《经济与法》栏目甚至还有意识地建立起了专家资源库,并由此类专家参与包括节目选题、采编和访谈播出的各个环节之中[18]。除此之外,作为一档以观点碰撞为主要诉求的专门电视法制栏目,《大家看法》还推出了《部长在线》《N种猜想》《有话好好说》等一批特别节目,实现了社会各个阶层之间围绕法治议题的多元对话[19],将中国电视法治公共领域的意见交流功能推向了一个新的高度。

---

[17] 尹鸿:《"第一现场":法制电视节目的新闻化探索——以中央电视台〈法治在线〉为例》,《现代传播:中国传媒大学学报》2008年第3期。

[18] 姚飞:《从〈经济与法〉谈法制类节目如何做出独特性》,《中国广播电视学刊》2013年第5期。

[19] 赵化勇主编《中央电视台发展史1958—1997》,中国广播电视出版社,2008。

客观来讲,相比于故事叙述部分所受到的重视程度和关注程度,访谈部分在扩张期的中国电视法治公共领域中所占据的空间和地位相对有限,但是这一要素却作为一个极为重要的组成部分,成为中国电视法治公共领域不可或缺的创新因子,以各种表现方式融入了绝大部分电视法制节目之中。这种细微的变化,表明在传统的"用事实说话"的"普法"话语框架体系下,中国电视法治公共领域又具有了组织法治公共议题讨论和呈现的功能。虽然在这一空间中,参与主体的数量和规模极为有限,但是其开创性意义却并不容忽视。一方面,从此以后,中国电视法治公共领域所展现的不仅仅是法治故事,而且还有围绕法治故事的观点交流,这契合了中国公众法治素养已经有了一定程度提高的现实,为公众参与国家法治建设提供了便捷、畅通的渠道,实现了普法传播从"初级课堂"向"中级课堂"的跨越,使得整个公共领域的建构视角从高高在上的宣传教育的俯视向平等沟通的视角的转向。另一方面,虽然参与主体的数量和规模极为有限,但是电视媒介本身本着公平、公正、专业等的原则介入,使得进入直接对话空间的参与主体的代表性极强,不仅其本身的观点具有权威性、专业性和说服力,而且还能较好地发挥"意见领袖"的作用,有力增强"二次传播"的效果,从而极大增强了中国电视法治公共领域的开放性。最后,访谈部分所讨论的法治议题,既有大案要案的反思,更有与普通公众日常生活密切相关的法治故事,并且所有议题均具有典型性、代表性,能够通过对此类典型议题的讨论,达到对同类法治问题的规范作用,由此彰显了中国电视法治公共领域在公共性特性上的提升。

4.3.3 不适:大浪淘沙之后的重生与消亡

尽管中国电视法治公共领域在短短5年左右的时间里就实现了空间的极大扩张和功能的基本完善,但是扩张之后的中国电视法治公共领域同样也表现出了"消化不良"的突出问题。原本设想周全的节目模式并未如预期一般获得较好的收视表现,相应的广告收入也难以支撑节目的可持续运转。

比如，作为中国第一档细分化的专业经济法制类栏目，《经济与法》栏目虽然瞄准了市场经济大潮中经济法治公共领域缺失的空白，但是由于其自身在受众定位上以"所有对法律感兴趣的经济人士"的局限性，不仅在节目选题上受到诸多限制，走向了过于专业化的误区，而且难以与普通大众紧密联系，从而造成了其受众面过窄的问题，难以获得可观的收视表现，其"推动市场规范化发展"的公共领域特色也难以得到有效彰显。面对这种困境，《经济与法》栏目不得不在受众定位上做出进一步调整，并在2005年3月28日的改版之中将其受众范围拓展至普通的社会公众，做到既满足"经济人士"的节目收看喜好，又尽可能地获取普通社会公众的关注。循着这一思路，《经济与法》将栏目的选题不再仅仅局限于较为专业、复杂的经济法治问题，而是更多地关注与普通老百姓日常生活有关的众多经济与法治相关话题，如食品安全、消费者权益、合同纠纷等。经过这种改变，《经济与法》的节目收视取得重大突破，改版后一周收视率急剧攀升了60%，并且获得了大量的女性观众的关注[20]。又比如，《法治在线》开播之初，力求将自身打造成为法治新闻报道和电视法治公共论坛的集合，并因此而设置了"第一现场""法治聚焦""互动地带"三大板块，并且三个板块所呈现的主题各不相关，这种带有强烈"杂志型"节目印记的运作模式，看似理想完美，但是不仅使节目结构过于复杂，而且也影响了栏目的收视表现。在摸索过程中，栏目先是放弃了三个板块所涉主题各不相关的整体运营思路，由三个板块共同围绕一个主题展开，实现议题呈现和议题讨论的相互贯通和有机结合，继而取消三个板块的设置，将"访谈"要素灵活穿插于整个节目之中，形成了叙事与议论的相互融合，由此形成了较为成熟的节目运作模式，并获得了较高收视率和观众认可度。

相比于《经济与法》《法治在线》通过自身的不断变革得以延续而言，社

---

[20] 顾亚奇：《〈经济与法〉凸显电视栏目成功的普适性要素》，《现代传播：中国传媒大学学报》2007年第5期。

会与法频道的公共领域法治则显得更为曲折。其中,作为频道重点品牌的《中国法治报道》虽然在法治公共议题塑造方面体现出了极大的开拓性,但因法治新闻性题材难以支撑栏目日播的需要而于2010年7月12日正式停播;《大家看法》栏目虽有"全民说法"的理念设计,但是在运行过程中也因"全民说法"社会氛围的不够成熟和节目运作模式的缺陷而最终走向了仅有叙事而无"说法"的尴尬境地。除此之外,《法治视界》等诸多自制栏目也因各种因素的影响而走向停播,仅仅保留了《天网》《一线》《道德观察》《心理访谈》《忏悔录》《法律讲堂》等以纪实为主要特征的电视法制栏目。由此可见,中国电视法治公共领域的扩张,仍然是社会法治需求、国家法治发展和电视自身发展三者相互作用的结果,遵循着自身的客观发展规律,必然是要在此种扩张过程中经历大浪淘沙的历史选择,最终决定其空间的重生或消亡。

4.4 《今日说法》"说法体"现象的多维透视

在扩张期中国电视法治公共领域的整体结构形态中,《今日说法》以率先的"说法体"电视法治话语实践和稳定的节目结构模式,不仅在激烈的平台竞争中占据了优势地位,而且还引领了这一时期中国电视法治公共领域发展的潮流。

4.4.1 "说法体"探源

改革开放以前,由于高度集中的计划经济体制与"全能政府"体制和党媒的高度垄断地位,以"照本宣科""高高在上""语气生硬"为突出特征的"播音腔"长期占据着中国电视话语的主导地位。尽管早在20世纪50年代中国播音员林如就在苏联接触到了"播稿件时要朴实,要善于运用谈话的方式……播读稿件愈像'说',而不像'念'就愈好"[21]的理念,但是由于上述因素的影响,这些理念并未被中国广播电视所吸纳。一直到了改革开放以后,随着社会环境变化所带来的个体性的释放,以及传媒行业自身的市场化改革,"说"的话语方式才逐渐得到广播电视界的重视。在此过程中,首开先河的当属1986年12月正式开播的珠江经济广播电台,其充分吸收香港广播电视"主持人、直播式、大板块、开放式"的运作经验,真正树立起了与受众平等交流的节目话语模式,实现了"以传者为中心"向"以受众为中心"的根本转变[22]。在电视领域,这种转变则是伴随着电视新闻民生化改革而走向了兴盛,涌现出了以《朝闻天下》《实话实说》《面对面》等为代表的、以"说""谈"为主要特征的电视品牌节目。此类节目一改过去的书卷语体"播新闻""播节目"话语方式,而采取口语化、自然化、亲切化的话语表达模式,从而一改中国电视的整体风气,并赢得了社会的一致认可。

由此可见,中国电视法治公共领域对"说法体"话语模式的引入,有着极为深刻的行业背景。但是,如何将"说新闻""说节目"的话语方式与电视法治传播有机结合在一起,而非对前者简单的照搬照抄,则是需要当时电视法治从业者们突破的一大重要课题。可喜的是,以《今日说法》为代表的电视法制栏目,在前人的"故事化"探索基础之上,结合电视法治传播自身的独特个性,恰到好处地解决了这一问题,从而开创了中国电视法治公共领域发展的新局面。笔者以为,中国电视法治公共领域的"说法体"主要围绕"说"与"谈"两个方面展开,进而形成了其自身的独特风格。

其中,在"说"的层面,中国电视法治公共领域主要围绕法治题材,与"故事化"的表达方式密切结合,进而实现化"播"为"说"的话语方式转变。我们不妨以2007年5月14日《今日说法》播出的《神秘的欠条》这期节目的导语部分为例:

---

[21] 毕一鸣:《"说新闻":真正内涵是什么?》,《传媒观察》2003年第4期。
[22] 易文:《中国电视谈话节目发展十年回顾》,《新闻知识》2004年第8期。

"52岁的黄明中是上海市金山区柳湾村人,老黄在镇上的一家箱包厂打工,平时做人老实本分,从没和人有过过节儿。2006年年初,他却意外地收到了一张来自金山区人民法院的传票,说他欠别人7000元钱。当时与老黄一起收到传票的还有和他一起做工的夹漏村的村民查金忠。可两人都说自己根本没有借过别人的钱,怎么会被告上法庭呢?"[23]

这一段话,至少包含了这样三大语体特征:其一,句子短小。每一句话尽量做到短小,即便是其中的某一句句子较长,也均由多个顿号进行分隔,各小句极为短小精干,简洁易懂。其二,名词较多。各句子中有关人名、物名的双音节名词较多,听来清晰明白,与书面语的多种词性复杂使用存在显著差异。其三,口语频出。诸如"老黄""打工""过节儿""说他"等等语汇,与我们日常生活中的用语毫无差异,听来给人亲切之感。

而在"谈"的层面,"说法体"将日常的生活对话、工作对话引入了节目之中,通过主持人与嘉宾一对一的对话交流,真实展现围绕法治议题的对话场景和对话者表现,谈话者们深入浅出、生动形象的语言表达,使得观众往往能够跟随谈话者们的谈话脉络,同步思考,达成共鸣,仿如自身也参与了谈话场景之中,从而建构起了交流感极强的法治公共议题谈话场。这种作为整体风格元素的"说"与"谈"的有机结合所形成的真实、自然、亲切的交流场景,极大增强了中国电视法治公共领域的平等性、开放性和公共性,也有效提升了这一领域对现实社会的话语介入能力。

4.4.2 参与主体视角下的"说法体"功能认知

梵·迪克的话语分析理论认为,话语的生成,涉及话语生产者对话语主题本身的认知[24]。因此,考察话语生产者的认知模式,对于理解话语本身的

---

[23] 文璐:《神秘的欠条》,《致富天地》2007年第8期。
[24] 托伊恩·A.梵·迪克:《作为话语的新闻》,曾庆香译,华夏出版社,2003。

结构特征有着极为重要的意义。从公共领域角度来说，话语生产者即公共领域的各参与主体。具体到《今日说法》的"说法体"建构，其参与主体主要包括了栏目制片人、主持人、记者、编辑、嘉宾等诸多主体，其中尤以尹力、肖晓琳、王新中、钱蔚、撒贝宁、张绍刚、范愉等的认知最具代表性。对于栏目组整体而言，其认为《今日说法》仍然是在"普法"话语框架下的进一步演绎。围绕栏目的宗旨，尹力、王新中、张国飞等人进行了这样的诠释：所谓"重在普法"，主要是指"提高全社会的法律意识"；所谓"监督执法"，主要是为了"营造公正的社会舆论氛围"；所谓"推动立法"，则是为了"促进上层建筑更好地适应与推动经济基础，促进社会进步，这是中国电视法制节目的重要任务"[25]。其中，栏目的重心主要在普法。也正因如此，栏目后来又提出了"点滴记录中国法治进程"的口号，其意也正在于通过"记录"的手段达到普法的目的。同时，作为栏目早期的制片人、主持人，肖晓琳还指出："让法律意识深入每一个公民的头脑中，这是我们栏目要解决的问题。我们提供一些知识，让观众了解有关知识。中国法条这么多，老百姓不可能一一记住，不能单单是普及法律条文，而是普及法理原则和精神"[26]。但是，栏目又纳入了"监督执法"和"推动立法"的诉求，也就增加了"普法"之中的可议性成分，因为只有"议"才能达到"监督执法"和"推动立法"的目的。对此，作为栏目嘉宾的范愉就认为，"作为一个'嘉宾'，《今日说法》成为我与大众沟通和社会沟通的一道桥梁""跟随着每一个案件，我不仅与当事人的命运发生了联系，也通过他们透视到许多更深刻的社会问题和法律问题，意识到自己的社会责任"[27]。由此可见，《今日说法》在整体功能上虽然在主观上强调的是议题呈现的功能，但在客观事实上却具备了议题呈现与意见交流这样的双重功能，具有极为显著、更加成熟的法治公共领域特征。正如栏目制片人王新中所言："不

---

[25] 尹力、王新中、张国飞：《以推动公民素质的提高为己任——中国电视法制节目的使命》，《中国记者》2000年第6期。

[26] 小笛：《给弱者讨个说法》，《当代电视》2000年第19期。

[27] 范愉：《关注"活的法"》，《中国图书商报》2002年1月31日第9版。

同层次的法制节目,有不同层面的任务和功能。《今日说法》应该是中级课程"[28]。毫无疑问,这里的"中级课程",所指的不仅是对栏目本身平等交流性"说""谈"特征的归纳,更是对公众已有一定法治素养基础的肯定。

4.4.3 "说法体"表意系统的确立

根据著名语言学家索绪尔的界定,符号是指能指与所指的统一集合体,其中载体为能指,意义为所指[29]。符号表意,符号系统即表意系统,不同的符号系统表达不同的话语意义。符号分为语言符号和非语言符号两种类型。就电视传播而言,其语言符号主要是指主持人的语言、语气、语调和画面字幕,非语言符号则包括了电视画面、音响和主持人的形象、穿着、动作与表情,以及演播室的色调、形状等等。并且,据传播学家伯德惠斯特尔研究,在电视传播语境中,"非语言成分就占据了65%"[30],由此可见非语言符号在电视传播中的重要地位。透过《今日说法》的节目分析,我们可以发现"说法体"的表意系统集中体现在以下两个方面:

1. 包装。《今日说法》的包装主要体现在片头、演播室、背景音响、特殊镜头等主要部分(图4-1、4-2)。其中,在10余秒的片头包装中,从整体上看,整个片头采用了很多抽象的三维动画元素,以体现法律和栏目本身的严肃性与公正性。在具体的每帧细节上,有齿轮咬合的画面,用以比喻法治作为国家机器的严谨与客观;有极富现代感、层次感的光影流动,寓意法治本身是对社会秩序的维护;有强烈的光线闪烁,意在传达节目本身的扑朔迷

---

[28] 中央电视台《今日说法》栏目组编《今日说法故事精选② 2005年版》,中国人民公安大学出版社,2005。

[29] 黄昌林:《论电视叙事符号系统的构成和组合法则》,《成都大学学报(社科版)》2002年第1期。

[30] 毕一鸣:《"说新闻":真正内涵是什么?》,《传媒观察》2003年第4期。

离[31];有"一滴水"的节目LOGO设计,表达了"就像人生活在大自然当中,离不开空气和水一样,在新的世纪里,人们也离不开法律文化,离不开法律意识"[32]的理念;在整体色泽上,栏目将黑白灰与蓝色作为主色调,不仅在视觉上给人简练、抽象、前卫、现代的感觉,也带给人以冷静、严肃、思考的导向;同时,辅以红色、金色等其他色调,又有力凸显了庄严与正气的法律、节目主张[33]。在占据节目整体时长的演播室部分,栏目主要以蓝色背景大屏铺满屏幕,屏幕中又时而流动着白色的"今日说法"文字,时而闪烁着极具层次感的线条,整体给人沉着、理性的画面感觉。此外,栏目还往往采用各种富有紧张感的背景音、昏黄灯光下的画面、空镜头、背影镜头等,以强化其作为法制节目的严肃性特征。由此可见,《今日说法》通过片头、演播室、背景音、特殊镜头的精心包装设计,既常态化地传达了法律、栏目本身的严肃性特征,又富有个性地表达了栏目贴近生活的内容取向,同时还体现了栏目对理性"说法"的价值追求。

图4-1 《今日说法》包装片头[34]

[31] 陆地、钟列、蔡维:《〈今日说法〉片头创意 LAW TODAY》,《电视字幕·特技与动画》2001年第8期。

[32] 孙海石:《精品赏析:〈今日说法〉》,《电视研究》2001年第2期。

[33] 陆地、钟列、蔡维:《〈今日说法〉片头创意 LAW TODAY》,《电视字幕·特技与动画》2001年第8期。

[34] 选自央视官网《今日说法》专区,http://tv.cctv.com/lm/jrsf/index.shtml。

4 中国电视法治公共领域的扩张与"说法体"的兴盛

图4-2 《今日说法》演播室场景

2.主持人。"说法体"以"说"与"谈"为主要特征。在保持节目整体的严肃性、庄重性的前提下,"说"出个性、"谈"出风格,是"说法体"的关键所在。在此过程中,作为节目主要元素的"主持人"往往起到了不可替代的作用。这一时期,《今日说法》主要出现了肖晓琳、撒贝宁、张绍刚三位著名节目主持人。肖晓琳处事从容、雍容尔雅,并且主持过《新闻联播》《观察与思考》《焦点访谈》《社会经纬》等多档央视知名栏目,有着深厚的主持工作经验,这些个性与阅历的结合,使得其主持节目时异常亲切,给人以母亲、妻子、大姐一样的感觉,在涉及老人赡养、子女抚养、夫妻矛盾等方面,这种风格尤其适用,并因此博得了"铁面美人"的称号;撒贝宁机敏、睿智、严肃而又不失阳光,这些性格特征与其法学专业背景相结合,形成了其观点深刻、灵活多变的鲜明"说法"个性特征;张绍刚不管是从面相上看还是从言行举止上看,都有极强的平民化特征,这些特征与他此前作为大学教授的学者气质相结合,形成了其"说法"耐心、细致、亲和的独特个性。同时,作为在节目中起串联和访谈提问作用的"说法体"主持人,他们也有着共同的风格特征,比如在串联中设问的多次使用,严肃的节目表情和生动化、形象化、生活化的语言,强烈的人文关怀等等。这些主持人的上述个性与共性,形成了《今日说法》栏目的多组常规性的多元化传播符号,共同为"说法体"注入了丰富的内涵。

4.4.4 公共议题选取的"点滴"思维

在中国电视法治公共领域的演变历程中,"重刑轻民"一直是公共议题选取的主要方向。但是,虽然刑事案件具有极强的冲突性、可视性,并且也能带来不错的收视率,但是却与公众日常生活、自身利益联系并不紧密。基于此种认识,《今日说法》在开播3年之后,进一步提出了"点滴记录中国法治进程"的栏目口号。其中的"点滴"就是要从老百姓的日常生活出发,围绕老百姓日常生活对法治的需求进行选题策划。在此理念的指导下,《今日说法》逐渐加大了民事案件的所占比重,将关注的视角投向了婚姻纠纷、老人赡养、子女教育、财产分割、家庭暴力、邻里冲突和知识产权保护等诸多方面,占比已经达到了该栏目总体选题数量的60%以上(见表4-2)。当然,上述选题不仅是一种注重"点滴"的生活化选题,同时也是一种注重从个性中把握普遍的选题。不管是婚姻纠纷,还是老人赡养、财产分割等,都是社会所普遍面临的热点问题,个性之中往往带有共性,由此也就赋予了上述生活化"点滴"选题的公共性意义。不仅如此,栏目还围绕自身的"说法"主要特点,将选题的可议性摆在了非常重要的位置。比如,2001年,栏目分别播出了《要生命还是要健康》《医院的生死抉择》两期主题、内容相似但是处理方法却全然不同的节目。前者讲述了一家医院在医院缺血的情况下因为拒绝病人家属自己献血而导致病人死亡的故事;后者讲述了另一家医院在同样情况下同意家属自己献血而成功挽救病人的故事。这就为嘉宾讨论环节就医院到底能不能够接受病人家属自己献血的要求从法理、情理等各种角度进行探讨和交锋提供了极大的空间,成为"说法体"实践的一个典型案例。

表4-2　2001年央视《今日说法》选题类别量化统计表

选题性质	涉及数量	占比
刑事	88	35%
民事	153	60%
行政	21	5%

备注：全年有效选题总计261个[35]。

4.4.5　公共讨论设计的开放色彩

扩张期中国电视法治公共领域的一大重要成就即推出了"说法体"的话语体系，并由此将中国电视法治公共领域的功能由过去单一的议题呈现向议题呈现与意见交流相结合的方向完善。尽管相比于议题呈现功能而言，意见交流功能仍然稍显薄弱，但是这标志着中国电视法治公共领域发展已经向前迈进了一大步。在《今日说法》的每期节目最后5分钟，栏目均会邀请包括法学、社会学、心理学等不同学科的相关学者，或者来自公、检、法等不同部门的相关专家，甚至是普通的社会公众，进入节目直播间，就前一环节所呈现的议题从不同角度进行交流和探讨。比如，2007年6月8日，《今日说法》所播出的《一场古色古香的官司》这期节目，在呈现了作为消费者的单先生与厂家之间发生的假冒伪劣商品纠纷议题之后，就邀请了中国家具协会和消费者权益保护法研究会的嘉宾，就产品材质差别、行业规矩、标准认定、合同、案件对消费者和行业的意义等方面的问题，进行了广泛的交流。参与嘉宾从自身的专业性角度，以开放性的视角，给出了各自的观点。当然，意见交流本身具有多元性、开放性特征，是不同意见、观点之间的表达与碰撞。不管是主持人的观点，还是嘉宾的意见，"并不必然是一种绝对正确的'通

---

[35]　范愉：《关注"活的法"》，《中国图书商报》2002年1月31日第9版。

说'或标准答案,分歧和错误几乎在所难免"[36]。以前述《要生命还是要健康》《医院的生死抉择》两期节目为例。在演播室讨论环节,嘉宾们就前者从医院遵守法律义务的正当性角度出发,对医院说法的合理性、合法性进行了解释,这对坚持贯彻"法律至上"原则,在全社会营造尊法、守法氛围的意义当然毋庸置疑,但是却忽视了法律以人为核心的价值追求,病人的死亡未免代价太大;就后者从生命本位角度和立法精神角度指出,即便是法律有规定,但是这种法律条文与法律追求的价值却发生了冲突,应当从立法角度予以修订或完善。两期节目,从单期节目来看,即各有其合理性,而从总体上看,则更是已经上升到了围绕法治精神的法治公共领域探讨高度。这种将立法、执法、普法等不同视野有机结合在一起的做法,既体现了节目的开放性,更体现了中国电视法治公共领域开放性的提升。

4.4.6 "姥姥文化"的话语表达追求

从受众角度来说,"说法体"适应了普通公众法治素养非专业化的特点,同时也有利于电视法制栏目走向大众化。如果说"记录体"实现了中国电视法治话语表达由报道型向"故事化"的转向,那么"说法体"则一方面将"故事化"进一步推向了极致,并将口语化贯穿了节目的全过程,实现了由"播"到"说"的重大转型和变化。在《今日说法》的栏目运行过程中,栏目制片人王新中曾明确而又响亮地提出了"姥姥文化"这一说法。对此,其有一句极为生动形象的阐释:"去问你妈,去问你姥姥,她们看懂了吗?"[37]"姥姥文化"既体现在选题的平民性上,更体现在话语表达的通俗性上。比如,在标题的设计上,《今日说法》就大量采用了故事化的设计方式,如《无奈的婚姻》《我也有尊严》《换房风波》《兵马俑砸死女孩怨谁?》

---

[36] 文璐、吴长伟:《法律的天平能承载多少关爱——谈名专栏"今日说法"》,《中国记者》2003 年第 10 期。
[37] 翟延峰:《〈文涛拍案〉的节目特色》,《青年记者》2007 年第 20 期。

等等,均是采用极为简洁通俗而又角度多样的方式,最大程度吸引受众兴趣的话语表达。而在故事讲述环节,无论是主持人的串联,还是节目背后的解说,均是以口语体的讲述方式,既注重故事讲述的客观性、悬疑性,又带有强烈的个性色彩、感情色彩,不断提升着节目的吸引力。值得注意的是,《今日说法》的故事讲述往往注重现场同期声、现场画面,而淡化记者在节目中的呈现,由此最大程度呈现了当事各方的生活化语言,这与《社会经纬》大量的记者提问镜头有着很大的区别。而在嘉宾访谈环节,主持人与嘉宾有意识的生活化、自然化表达,更是将"姥姥文化"发挥到了极致。比如,在2007年6月4日《今日说法》所播出的《石破天惊》一期节目中,主持人撒贝宁的"当时发掘的时候您也在现场,请您给我们讲讲当时的情况""村民们认为化石的发现可以改善村里的经济情况,所以他们把那两块化石留了下来,不想让专家带走""当地的村民有一个想法,就是直接在当地现有的挖掘现场建一个博物馆,然后把这些化石在当地进行保存"这样几句话,相信绝大多数人都能够听懂主持人的意思。并且,主持人在整个谈话过程中,并不是以提问的方式与嘉宾展开对话,而是以穿针引线的方式引导嘉宾发言。这种独特的方式,与我们日常的生活对话场景显得更为贴近,体现了主持人较好的谈话现场掌控能力和生活对话场景建构能力。

4.4.7 "说法体"现象的扩散及意义

这一时期,伴随着《今日说法》及其所开创的"说法体"话语模式的成功,全国迅速掀起了一股电视说法的节目发展热潮,各种冠以"××说法"的电视法制节目如雨后春笋般涌现出来,如重庆卫视的《拍案说法》、凤凰卫视的《文涛拍案》、海南电视台的《说法》、浙江电视台的《给你说法》《看法》等等,其中尤以重庆卫视的《拍案说法》和凤凰卫视的《文涛拍案》最为引人注目。开播于2000年6月19日的重庆卫视《拍案说法》栏目,以"拍真实案例,说清晰法理"为栏目口号,以"主持人+案例+嘉宾+观众"的节目模式,并与传统的"说书"方式紧密结合,由外表朴实、成熟理性的资深节目主持人韩咏秋以"说书人"的身份和装扮,以纪实化、故事化相结合的手段,"一刻""二刻""三刻",将案件的原委抑扬顿挫、声情并茂地娓娓道来,最后通过演播室嘉宾访谈、观众参与等方式,围绕其中的法律问题展开热烈的探讨,形成了区别于《今日说法》的独特节目风格特征。特别是《渝湘鄂系列抢劫案》《日航事件》《为了56个姐妹》等系列节目的播出,更是引发了社会热议。而于2003年开播的凤凰卫视《文涛拍案》则依托于主持人窦文涛敢言敢说、言辞犀利的强烈个性风格特点,立足于"大案、要案、奇案、公案"的选材取向,以一间书房为背景,以一张书桌、一块惊堂木、一本线装书为道具,以黄中糅黑为主色调,由身着中山装的主持人窦文涛,效仿"三言二拍"的小说结构模式,妙语连珠,时而愤怒,时而高兴,时而沮丧,讲述故事,发表观点,将现代法治理念融入古色古香的节目氛围之中,被誉为"新派电视评书体"[38]。

"说法体"现象的扩散,进一步强化了这一时期中国电视法治公共领域的意见交流功能,无论是对平台自身还是对于公民法治意识的进一步提升,均起到了较大的促进作用。其中,对于平台自身而言,"说法体"彻底打破了过去电视法制节目简单、呆板的叙事模式,并对故事化"记录体"进行了进一步的改造,主持人结合自身个性特征、语言风格的口语体讲述和聊天式观点表达,使得节目所呈现的故事不仅有了外在的结构,更是有了内在的神韵,形成了风格各异、百花齐放的话语格局;主持人与嘉宾、观众之间的对话交流,也使得整个平台有了观点交流甚至交锋的意味。对于社会公众而言,中国电视法制节目曲折生动甚至感人至深的故事,不仅给其留下了极为深刻的印象,而且通过对故事的观看和主持人、嘉宾等的观点的了解,也促使其学习到了相关的法律知识,领悟了法治精神,养成了不同程度的法治思维,能够运用法治的观点、知识去认识问题、理解问题和解决问题。据《今日

---

[38] 钱蔚:《〈今日说法〉——普法真谛 百姓情怀》,《法制日报》2004年1月15日。

说法》栏目制片人钱蔚介绍,有人戏称栏目自成立以来"培养了一大批'刁民'"。这恰恰说明了中国公民已经开始具备了较强的法律意识,掌握了一定的法律知识,并且善于利用法律的武器来保护自身的合法权益,而不是如过去一般依靠暴力、上访等手段予以解决。

5 中国电视法治公共领域的再造与"沟通体"的创设

党的十八大以来,中国进入了由速度型扩张向质量型发展的历史新阶段。在此国家思维模式的驱动下,"全面依法治国"被作为国家"四个全面"总体战略之一,沿着"从法律体系到法治体系"的法治中国建设道路,在继续推进法律体系进一步完善的同时,更加注重在执法、司法等具体操作层面的建设,以确保法律法规得到更加全面有效的贯彻实施。

十九大报告提出"坚持全面依法治国"是"新时代坚持和发展中国特色社会主义的基本方略"之一。全面依法治国是新时代中国特色社会主义现代化建设理论逻辑的必然组成。"习近平新时代中国特色社会主义思想"包含着"什么是中国特色社会主义法治""如何建设中国特色社会主义法治"的深刻思考。需要我们在理论上正确处理中国特色社会主义法治道路、制度与理论的关系;党的领导与依法治国的关系;法治的中国性与世界性的关系;法治发展长远性与阶段性的关系;作为战略目标与战略举措的法治的关系;依法治国与以德治国的关系;法治实践与法学教育的关系等等一系列基础性问题,并在这个基础上贡献中国对于法治文明的概念、话语、体系和方案。

与此同时,这一时期,伴随着网络新媒体的快速崛起,中国电视在与网络新媒体的竞合互动中,也以更加积极主动的姿态强化着自身的公共服务功能,不断变革着自身的话语方式。

这一系列重要因素的变化,促使中国电视法治公共领域在原有空间形态的基础之上,不仅进一步创新了其话语平台,丰富了其话语表现形态,而且还形成了一种全新的"沟通体"话语趋势,将其开放性、平等性、公共性推向了一个新的高度。为适应这一形势,央视社会与法频道相继推出了《小区大事》《我是大律师》《律师来了》等多档创新形态电视法制栏目。其中,《小区大事》将关注的目光投向社区这一社会的微观层面,以"记录"为主要的手段,真实呈现了一个又一个社区矛盾调解的生动过程,集中展现了公民在法律素养提升背景下,社区居民在"政府主导、全民参与"原则下的自我管理自觉;《我是大律师》《律师来了》以"律师公益援助"为节目切入点,汇集了包括当事人、律师、评论员、观众、主持人等在内的不同参与主体,在开放、平等的电视公共谈话场中,以多角化的思维有力诠释了"法为绳墨"的精神要义。

5.1 再造期中国电视法治公共领域的建构语境

5.1.1 从"四个全面"进入"新时代"

2012年11月,党的十八大明确提出了"全面建成小康社会"的发展目标,继续以铿锵有力的声音许下中国共产党对全体中国人民的庄严承诺;时隔一年,党的十八届三中全会又提出了"全面深化改革"的战略部署,以永不止步的姿态将中国改革开放继续向前推进;2014年10月,党的十八届四中全会提出"全面依法治国"战略,此次会议为中国共产党历史上,首次以全会形式专题讨论依法治国问题;同月,党的群众路线教育实践活动总结大会提出"全面从严治党"战略,使之作为全面建成小康社会、全面深化改革、全面依法治国的根本保证。2014年12月,"四个全面"由习近平在江苏调研时正式提出,由此成为这一时期推动中国改革开放和社会主义现代化建设的系统化战略。2017年10月,党的十九大审时度势,提出了"中国特色社会主义进入了新时代"的重大战略判断,并明确了新时代中国"决胜全面建成小康社会,开启全面建设社会主义现代化国家新征程"的战略任务。

在新的国家战略的统领下,中国社会各领域沿着既定的轨道继续向前发展。其中,在经济领域,伴随着供给侧结构性改革的深入推进,中国国内生产总值从2011年的47万亿元增长至2017年的80万亿元,人均GDP则从2011年的5286美元增长至2017年的8836美元,与高收入国家下限水平仅有一步之遥,国民平均财富水平实现了较大幅度的提升。特别是在脱贫攻坚和中等收入群体培育方面,中国在这几年时间里实现了6000万以上的人口的脱贫,使得贫困发生率下降到了4%以下,同时还持续扩大了中等收入群体范围。在教育领域,在保持国家整体教育水平不断提升的同时,全国高等教育得到进一步发展,高等学校在校生规模达到4000万,国民整体受教育水平继续稳步提升。在社会领域,在经济发展、社会治理创新、全面从严治党等综合因素的影响下,安全、医疗、教育、住房、就业、反腐、贫富差距等各个领域的社会矛盾出现了较大幅度的缓和,社会整体呈现出更加祥和稳定的局面。在社会价值领域,随着中国社会秩序重构的不断深入推进和主流媒体对社会主义核心价值观的大力传播,在继续保持思想多元活力的同时,过去片面追求个人财富的狭隘思想观念得到有效抑制,诚信、法治、文明、友善等水平得到有效改善。以上因素,为中国公共领域的发展创造了更加有利的条件。特别是国民财富的继续大幅度增长和受教育水平的继续稳步提升,更是为中国公民理性参与公共领域的实践、确保公共领域的有序运行奠定了坚实的基础。而社会矛盾的缓和与新的社会秩序的加快建立,以及社会主义核心价值观的不断深入人心,不仅为中国公共领域的健康发展创造了有利的环境,而且提供了更加丰富的规则与价值遵循。

5.1.2 从"法律体系"迈向"法治体系"

2011年3月,在第十一届全国人民代表大会第四次会议上,时任全国人民代表大会常务委员会委员长吴邦国庄严宣告了"中国特色社会主义法律体系已经建成"。至此,中国社会各个领域基本有了较为完善的规则与法律遵循。在经历了短暂的3年左右的过渡期之后,中国共产党第十八届中央委员会第四次会议又提出了"建设中国特色社会主义法治体系,建设社会主义法治国家"的新发展目标。"法律体系"与"法治体系"虽然仅有一字之别,但是在内涵上却极其不同。其中,"法律体系"主要着眼于规则的建立,着眼于法律法规的立、改、废,目标主要在于使中国社会的各个领域有法可依、有规则可循。但是,"法治体系"则涵盖了法律体系、执法体系、司法体系和普法体系等全方位的内容,不仅仅是对规则制定的注重,更是对如何确保规则得到有效执行的考量。这又进一步涉及了法治实施体系、法治监督体系和法治保障体系等诸多方面的内容。因此,从"法律体系"迈向"法治体系",不仅标志着中国法治建设理念与思想的成熟,更标志着中国法治建设已经迈入了一个具有历史意义的新阶段。

"法治体系"的建设,对其所依存的社会土壤有着更高的要求。诚如中国共产党第十八届中央委员会第四次会议所言,"法律的权威源自人民的内心拥护和真诚信仰"[1]。而这种"拥护"与"信仰"的塑造,除了科学立法、严格执法和公正司法之外,更需要以创新的方式在全社会营造"尊法、学法、守法、用法"的良好社会氛围。传统的"普法"观念主要着眼于"尊法"和"守法"两个方面,却在"学法""用法"方面较为薄弱,从而使得法治社会的建设往往停留于表面。因此,在全社会法治观念明显增强的社会大背景下,进入"法

---

[1] 中国共产党中央委员会:《中国共产党第十八届中央委员会第四次全体会议公报》,人民出版社,2014。

治体系"建设新阶段的"普法"也应当纳入新的意涵。这种意涵为：在过去"广而告之"的基础上，借助于大众传播的影响力，通过对微观"学法、用法"实践的展示，促使公民在此过程中不仅解决自身面临的各种法律问题，而且领悟法律的精神实质。笔者将此种"普法"称为"参与式普法"。事实上，"参与式普法"不仅涉及"学法""用法"的问题，也涉及立法、执法、司法等各个方面。中国共产党第十八届中央委员会第四次会议多次提到了公民参与国家法治建设的实现路径，比如"健全立法机关主导、社会各方有序参与立法的途径和方式""把公众参与……确定为重大行政决策法定程序,确保决策制度科学、程序正当、过程公开……""保障人民群众参与司法。……在司法调解、司法听证、涉诉信访等司法活动中保障人民群众参与"等等。这种"参与式普法"新内涵的确立，既对中国电视法治公共领域的发展提出了新的要求，也为其进一步的开拓与创新创造了更加充分的条件，同时还提供了更加不一样的思路。特别是随着作为国家法治建设基石的《中华人民共和国人民调解法》的出台实施和深入推进，更是对推动中国电视法治公共领域的活跃，起到了至关重要的促动作用。

5.1.3 从"电视媒体"转向"融合媒体"

电视作为技术型的媒体，因技术而生，也因技术而变。自2011年以来，随着互联网信息传播技术的不断向前发展，电视改革在沿着原有的内生型改革轨道不断向前推进的同时，更多则是根据传播技术、手段而对自身做出不断调适，并且这种调整永远只是处在进行时，没有完成时。互联网信息传播技术的迅猛发展，造就了以腾讯、百度、优土等为代表的一大批新兴网络媒体。这些媒体在冲破电视作为原有的媒介进入垄断地位的同时，也分流着电视原有的受众、广告、舆论影响力等各个方面的资源。另一方面，电视媒体在与网络新媒体的互动过程中，也加大了对网络传播手段的利用和网络传播经验的借鉴力度，从而在新的媒介生态格局中把握自身的基础生态位置。从总体上看,电视与网络新媒体的互动主要经历了这样几个阶段:其中,在第一阶段,电视依然保持着"第一媒体"的地位,网络传播渠道仅仅是其自我宣推的补充平台;在第二阶段,电视的"第一媒体"地位岌岌可危,电视门户网站、网络电视台应运而生;在第三阶段,电视丧失"第一媒体"地位,并尽可能利用一切网络传播手段,积极向"融合传播"的趋势靠拢。随着这种互动关系的不断深入推进,电视与网络之间的界限被不断突破,由此而带动了电视公共领域与社会公共领域逐渐走向融合。借助于网络传播渠道和各种社交传播工具,公众与电视之间不仅可以在节目内部实现有效的沟通,还可以通过节目的网络传播渠道实现双方的及时、全面、有效沟通,从而建构出了全新的"复合型电视公共领域"。而这,也无疑深刻影响到了电视法治公共领域的整体面貌。

5.2 中国电视法治公共领域的再造

5.2.1 《小区大事》:"参与式"电视法治公共领域的开端

2011年4月,在央视社会与法频道的节目矩阵中,出现了一张新的面孔——《小区大事》。这档以城乡社区内的法律纠纷为主要聚焦点,着力展示社区居民在"政府主导、全民参与"原则下进行"自我管理、自我服务"的电视法制栏目,通过记者采访、主持人串联的方式全面呈现一个又一个基层调解的生动案例,并邀请法学、心理学、社会学等领域的嘉宾以访谈的方式阐述其中所蕴含的法理与情理,至今已不间断播出7年有余。

《小区大事》的成功推出,并非偶然。早在2010年8月,中华人民共和国第十一届全国人民代表大会常务委员会第十六次会议就审议通过了《中华人民共和国人民调解法》(以下简称《人民调解法》),并于2011年1月正式施行。该法一方面顺应了中国基层矛盾巨量庞杂、亟须有效应对的重要趋势,另一方面也为基层力量参与国家法治建设提供了有力的法律依据。《人民调解法》的出台,给作为中国法治公共领域重要参与力量的电视媒体提供了难得的发展契机。一时之间,各种各样的电视调解节目应运而生,涌现出了以江西卫视《金牌调解》、北京电视台《第三调解室》、湖北卫视《调解面对面》、贵州卫视《调解现场》等为代表的知名电视调解节目。特别是江西卫视、贵州卫视等具有全国影响力的卫视平台对电视调解节目的介入,不仅在全国掀起了一波"电视调解"的热潮,更是将其推向了一个新的高度。

从开播时间来看,《小区大事》当属全国较早的电视调解栏目,并且明确提出以宣传《人民调解法》为重要任务。但是,在节目形态上,该栏目却与各地方电视台有着极大的不同。其中,后者主要采用的是横向上的"主持人+调解员+观察员(包括心理学家、资深媒体人士等)+当事人+其他当事人或者证人"的节目要素配置方式和"主持人开场白,VCR背景介绍,主持人对双方当事人的询问,法律专家、心理学家等组成的调解员或观察员进行询问、说服与疏导"的节目结构模式,前者则主要是记者采访、主持人串联和嘉宾访谈三者交叉并行的节目结构形式。两者的不同主要在于,后者是以节目组主动介入社会纠纷的调解的模式运作,而前者则采用客观纪实的方式,将镜头对准基层调解人员的调解进程,并辅以记者的采访叙事。这一方面适应了"国家台"的传播特点,另一方面又没有损害"参与式"电视法治公共领域的主体特征。同时,各调解主体或为退休的法官,或为基层政法工作人员,或为热心资深的调解公益人士,并均拥有相应的调解资质,他们的调解耐心细致、情理交融,因而极具说服力,赋予了节目本身更强的权威性,由此而建构的"政府主导、全民参与"的中国电视法治公共领域的公共性无疑也因此得到了进一步的增强。

5.2.2 《我是大律师》:"直接对话空间"的极致表达

由电视媒体搭建法治公共领域平台,实现其直接的意见交流功能,是电视法治公共领域彰显自身作用、特色与价值最为主要的体现。《小区大事》虽然对"参与式"电视法治公共领域做出了初步尝试,但主要扮演的是社会中的法治公共领域的呈现角色,并非由电视媒体直接组织的法治意见交流活动。2016年5月29日,另一档由央视社会与法频道推出的名为《我是大律师》的电视法制栏目,不仅成功突破了这一局限,而且将中国电视法治公共领域的"直接对话空间"发展到了极致。特别是栏目对以下四大原创性元素的引入,更是成为这种"极致"表达最突出的符号。

1.富有仪式感的"声明"宣读。在节目开场环节,作为委托人的当事人首先必须按照主持人的要求,宣读一份特别的"声明"文件并签名确认。声明的内容为:"我承诺,对本人在节目中的行为和陈述真实性负责"。这一"声明"的宣读和签字确认,至少具有如下三个层面的意思:其一,由于节目所展示的案例尚未进入司法环节,存在着诸多的不确定性,如果没有严格的真实性依托,将会对后续的律师接受委托甚至是法院的公正审判带来极为不利的影响。因此,由当事人宣读与签字确认声明,有利于最大限度地保障其所陈述事实的真实性。其二,渲染法治本身的严肃性。法治坚持"以事实为依据,以法律为准绳",本身是一件极为严肃的事情。当事人对声明的宣读与签字确认,同时也是一次对法治严肃性的确认。其三,增强节目本身的仪式感。声明的宣读与确认,极富仪式感,主持人手拿一份庄严的"声明"文件,交给当事人,由当事人宣读并签名确认,然后向现场展示,双方共同完成这一仪式的过程,无形中也增添了整个节目的庄严气氛。

2.作为关键元素的"律师主场"。栏目每期邀请五位与案例相关的、经过精心挑选的律师,共同组成一个律师团。律师们在听取了当事委托人的陈述之后,梳理其中的法律脉络和关键点,然后分别提出各自的代理思路。

在此过程中,各位律师围绕委托当事人所陈述事实中的法律关键点和基本诉求,既剖析事实,又阐发其中的法律联系点,甚至相互之间还会产生观点的交锋和论辩。这种更加深入地引导"学法""用法"的做法,往往更易于传播法律的知识和法治的精神。这档节目的深度,是以往电视法制节目所未企及的。

3. 多元视角的"点评人现场"。在节目的演播厅旁,栏目还专门设置了一间由透明玻璃隔开的小型房间。在这个房间里,有两名栏目组邀请到的来自媒体行业、心理学界、社会学界等法学界以外的资深评论人员。在他们面前,单独安排了一台电视机,直播展现演播厅内发生的一切,同时他们还可以透过透明玻璃观看到演播厅内的动静。点评人一边观看节目现场,一边针对案例中的问题进行不同角度的精彩对话、交流和评析,进一步扩展了节目观点表达的视角。

4. 现场观众的"投票器"。在《我是大律师》栏目中,节目邀请了多达几十名的普通观众进入节目演播室录制现场,共同参与节目的完成。在五位律师分别陈述完各自的代理思路之后,紧接着由现场观众以"投票器"的方式选出最为认可的代理思路。虽然在这一过程中,由于节目线性呈现所带来的节目时长限制这一主要的传播特点,几十位普通观众并不可能逐一发言,但是却以"投票器"这一无声的方式对五位律师的思想观点发表了自己的意见,最大限度地实现了电视法治公共领域建构。

5. 特殊功能的"观察团"。除了前述几个方面的参与主体之外,节目还专门设置了一个具有特殊功能的"观察团"。该观察团不仅直接参与进入了法治议题的交流讨论过程之中,而且还直接对需要援助的委托当事人提供法律援助以外的各类帮助。

5.2.3 《律师来了》:"融合对话空间"的积极建构

2017年9月3日,继《我是大律师》播出两季之后,又一档名为《律师来了》的电视法制栏目于每周六晚18:00出现在全国电视观众面前。这档看似与《我是大律师》模式相同,号称后者的"升级版"的电视法制节目,实则已经有了更多更新的变化。

一方面,节目名称由《我是大律师》悄然变换为《律师来了》,虽然视角相同,但是更显亲切;主持人由站在一个不同的舞台面向节目参与主体变为走向节目参与主体中间,与之平等对谈;节目明确提出"法为绳墨,助为初心"的口号,使得节目理念更加明晰;邀请律师由5人缩减为4人,使得律师讨论更为集中;委托当事人不再是站立姿势,而是与在场其他参与主体一样"坐下,慢慢聊";取消现场观众演播室投票环节等等。

另一方面,节目充分借助网络传播技术手段,积极推动电视对话空间和网络对话空间的融合,打造一种具有电视特色的新形态"融合对话空间":一是设置大数据解读环节,借助新浪舆情采用的跨年度信息统计、文本语义分析、高频词云分析等手段,由新浪舆情分析师直接进入演播间对数据进行深入解读,将各期节目所呈现的案例延伸至同类案例,"将观众的目光带向更广阔的社会视野"[2];二是观众可以通过"@CCTV律师来了"官方微博的方式,围绕节目所呈现的法治公共话题进行讨论,并可以实现向现场律师、观察员、当事人直接发问,将节目与观众之间的互动提升到一个新的高度;三是推出专门的《律师来了》网络版,邀请律师与当事人进入网络版演播室,并通过多个网络传播平台进行现场直播,同时与电视版进行有效互动[3];四是在栏目官方网站、微信公众号等平台设立专门的"值班律师"板块,由律师针对当事人所提出的法律问题提供咨询服务;五是实行多平台联动,通过各移动端网络媒体对案情的发展实施联动式追踪。我们看到,虽然《律师来了》取消了演播室观众现场投票的环节,但是又通过传统媒体与新兴媒体融合

---

[2] 央视网:《CCTV〈律师来了〉正式开播 大数据解读成亮点》,http://ent.cnr.cn/zx/20170906/t20170906_523936020.shtml。

[3] 陈斯:《〈律师来了〉大揭秘》,http://news.ifeng.com/a/20170904/51864737_0.shtml。

互动的传播模式创新，打通了电视对话空间与网络对话空间之间的界限，让更多的观众能够进入到这一"融合对话空间"之内，在理论上达成了"人人都有发言权"的开放性目标，从而有效突破了电视对话空间的容量限制，对中国电视法治公共领域的重构起到了极为重要的探索作用。

5.3 "沟通体"的基本话语形态及公共领域再造意义

从《小区大事》，到《我是大律师》，再到《律师来了》，央视在推动中国电视法治公共领域再造的过程中，一个极为突出的变化即节目的沟通特色已经变得更加浓厚，节目内部各参与主体的沟通时间变得更加充裕，其表达观点的视角也变得更加多元，还引入了网络沟通的元素，从而创设出了"沟通体"这一全新的电视法治话语形态。

5.3.1 "沟通体"的核心意涵

从词源学角度来说，沟通主要是指"两人或两人以上的人们之间的思想、观点、信念、意见、感情、愿望以及信息等等的交流过程"[4]。这一定义主要包含了以下三层意思：一是对沟通主体的界定。沟通既是人与人之间的沟通，也是人与群体之间的沟通。二是对沟通内容的描述。沟通的内容包括了思想、观点、信念、意见、感情、愿望、信息等各个方面，归纳起来可以分为信息沟通、思想沟通和情感沟通三种主要类型，具有全面性、综合性和立体化的特征。三是对沟通性质的规定。虽然从广义角度来说，任何人与人、人与群体之间的话语交往实践活动均属于沟通的范畴，但是沟通更是一种交

---

[4] 马国泉等主编《新时期新名词大辞典》,中国广播电视出版社,1992。

流性质的话语实践活动,即:沟通一方面强调沟通主体之间的平等性,双方应当拥有平等发言的权利,拥有地位平等的人格权力,另一方面强调反馈在沟通中的重要作用,沟通不是一方对另一方的单向话语输出,而是双方之间信息、思想与情感的互动。此外,沟通是一种开放式、非强制性的话语表达过程,各方沟通主体在特定的话语时空环境中,能够自由表达各自的思想、观念与情感。四是对沟通目标的确定性。沟通的目的主要在于通过各沟通主体之间思想、观念与情感的碰撞,或消弭相互之间的分歧,或强化原有的共识,或达成新的共识。

"沟通"的核心意涵,与现代社会特别是当前网络社会的传播思想、传播模式不谋而合。"沟通体"作为一种大众传播话语实践模式,也逐渐得到了研究者们的认可。比如,《合肥晚报》主任编辑、原《派河晨刊》主编邢志鸿就基于新媒体环境下的社区报总结实践经验,提出了"沟通体"的说法,认为"沟通体"的主要沟通内容就是信息沟通、情感沟通和文化沟通,其核心价值就在于"为千家万户搭建一个沟通和交流的平台",从而使得受众可以"借助这个平台发布与交流,快乐事可以分享,烦心事可以倾诉"[5]。虽然这仅仅是从报纸变革角度对"沟通体"的初步描述,但其中仍然揭示了"沟通体"的基本内容与价值遵循。

综上,我们可以发现,作为电视法治公共领域的"沟通体",主要是指在电视法制节目内部,多元化的参与主体之间,以平等的视角、交流的态度、多元的手段,相互之间交流各自的信息、思想与情感,进而消弭分歧、强化或达成共识的话语表达体系。此种全新的电视法治"沟通体"话语模式,与以往的"记录体""说法体"形成了严格的区分,即:与"记录体"话语模式相比,"沟通体"完全打破了"记录体"的单向话语传播模式,通过"直接对话空间"的双向交流方式完成案例的呈现,实现了变"讲述"为"交谈"的语境转换;与"说

---

[5] 邢志鸿:《打造社区"沟通体"——以合肥晚报社区报〈派河晨刊〉为案例》,《新闻战线》2017年第7期。

法体"话语模式相比,"沟通体"进一步削弱了"说"的要素在整个节目话语结构体系中的主导性地位,而扩充、放大了"谈"的因子影响,并不断丰富、优化了"谈"的表现形式,从而实现了从"说法"到"谈法"的全面转向。

5.3.2 "沟通体"的基本话语形态

伴随着中国电视法治公共领域从探索到扩张及至再造的历程,其话语模式也经历了从"记录体"到"说法体"再到"沟通体"的趋势性转向。在与"融合对话空间"的相互建构过程中,"沟通体"依循"沟通"的本质规律,在以"再造"为显著特征的新的历史时期形成了独具个性的基本话语形态,展现出了较为顽强的生命力。

1. 平等沟通。"沟通体"的价值前提。平等是基本的法治价值理念,同时也是中国电视法治公共领域一以贯之的实践追求。对于"记录体"而言,其所实现的平等主要是一种以节目文本为媒介的媒体与观众之间的关系的平等,此种平等主要以"故事化"的特殊方式得以表现出来,但仍然是一种弱势的平等,具有参与主体资格的公众,事实上并不具有节目空间内的发言权,因此依然笼罩在"法治教育"的惯常媒介思维之下。对于"说法体"而言,其所实现的平等主要是主持人与作为嘉宾的专家学者之间的平等,这种基于媒体权力与知识权力的对话,虽然较"记录体"在平等的追求上有了较大的改善,初步建构起了微量的参与主体之间的平权话语地位,但是相对于更加广泛的、具有法治公共领域参与资格的社会公众而言,这种平等虽有进步,但仍有极大的局限。然而"沟通体"的出现和确立,则进一步拉近了应然的平等与实然的平等之间的距离,为中国电视法治公共领域的发展和进步创造了更加有利的前提条件。当然,这种平等也并非一蹴而就的平等,而是经历了一个时间域流的探索过程,并且以演播室的舞台空间设计、参与主体的坐立姿态、节目的整体色泽、主持人的话语表现等呈现出来。我们看到,在《我是大律师》的舞台空间设计中,在偌大的一个演播室内,虽然为挑战电

5 中国电视法治公共领域的再造与"沟通体"的创设

视时空阈值而努力容纳了最大限度的参与主体,但是却以不同的位置安排将参与主体们分割在了不同的空间范围,在一定程度上消解了"沟通"的功能与意义。特别是在委托当事人与其他参与主体的关系方面,在除主持人以外的所有参与主体均为"坐"的姿态的情况下,委托当事人却必须以"站"的方式面向其他所有参与主体,以"求助者"的角色参与话语交流,这无疑会对其造成一定的心理压力,影响着"平等"的实现。而在《律师来了》的演播室舞台空间设计中,这些问题则得到了有效的突破。主持人、委托当事人、律师嘉宾均是按照"坐"的姿态设计,各方围成一个圆形,更像是一个小型的交流探讨的会议场景。不管是在案例叙述还是在观点交锋的过程中,各方都能够以一种放松的心情展开平等的对话与沟通。在此,委托当事人不再是一个"求助者",而是变为了一个具有平等意义的咨询者;律师不再是一个掌握着法律专业知识的话语强势者,而变为了话题讨论的参与者和排忧解难的知心朋友;主持人也不再是媒体形象的代表者,而是变为了平等交流的重要一员。大家共同围坐在一起,互相询问、观看屏幕、展开讨论,极为亲切自然。这种格局配合演播室的淡黄暖色调,使得"沟通"的平等氛围又得到了进一步的强化。除此之外,不管是《我是大律师》还是《律师来了》,均设置了一个"双选"的环节,即在完成委托当事人讲述、律师梳理和代理思路陈述之后,由律师选择是否愿意代理委托当事人的案件,然后由委托当事人选择希望为其代理案件的律师。这种"选择"的平等也成为"沟通体"重要的价值体现。不仅如此,《律师来了》还打通了节目内外,不仅使得节目内的参与主体具有平等的话语权力,而且还借助于网络传播技术手段,赋予了更大范围的社会公众参与其所呈现的法治公共话题的讨论权利。由此,一个融合了参与权力平等、人格权力平等、话语权力平等的全新电视法治公共领域的建构得以完成。

2. 交流底色。观点碰撞与思想火花。公共领域以"展开探讨"为核心表达方式指向和内容指向。这里的"展开探讨"从本质上说为一种交流。"沟通体"将交流作为底色,融贯进入每期节目的整个过程。其运作的逻辑主要通过以下几个相互递进的层面而展开：一是建构交流的能力。从理论上说，任何一个智力健全的社会公众均具有参与电视法治公共领域的权利，并且具有日常性话语表达与交流的能力。然而，在中国电视法治公共领域这一特定的空间环境中，即便是知识、经验丰富的律师，依然也不能说其就具有完备的电视法治话语交流的能力。为此，《律师来了》栏目组在寻找合适的嘉宾律师方面颇费了一番功夫。栏目组一方面采取了与全国各地律师协会、律师事务所合作，通过网络渠道发布律师嘉宾的招募公告等多种方式筛选合适的律师嘉宾资源；另一方面则针对筛选过的律师嘉宾开展节目沟通交流的培训，对其台风形象、语言表达逻辑、出镜技巧等展开系统性的培训。二是打造开放的交流场。在保持整体的节目环节设计的基础上，《我是大律师》《律师来了》基本保持一种开放式的交流场。在节目录制的整个过程中，包括主持人、委托当事人、律师、观察团、点评人在内的所有参与主体，均可以自由提出各自的问题，发表不同的看法，并在节目最终播出时截取精彩部分予以穿插呈现。三是注重参与主体之间的互动。在整个节目过程中，各参与主体之间往往保持着高紧密度的对话关系，或询问，或探讨，每一个提问、发言的动作，均能得到不同主体的及时回应。四是展现"交锋"的火花。特别是在律师梳理案情和提出代理思路两个环节，律师之间由于考虑问题的角度不同，往往能够以不同的法律知识、理念，提出不同的思想观点。由于节目选题本身具有极强的社会代表性，使得律师在提出不同代理思路的同时碰撞出了不同法治思想观点的火花。比如，在《我是大律师》推出的《我看的孩子没人要》这期节目中，律师们围绕"父母失联，工资无望，家政公司该否担责"提出了各自不同的观点。有律师认为："如果家政公司提供居间服务，工资只能向雇主索赔"，也有律师认为："委托人与家政公司倾向于劳动合同关系；家政公司存在过错，应赔偿损失"。特别是在针对父母失联后孩子的监护权问题，其中一名律师指出福利院的托管对象只是针对孤儿、残疾儿童，本案中的两个孩子不符合这一条件，"福利院只是暂时过渡，监护权还属于孩子父母"，另一名律师则明确表达了"不同意"的观点，并指出监

5 中国电视法治公共领域的再造与"沟通体"的创设

护权指定的原则"应当是谁更有利于抚养子女",因此福利院应当有相应的监护权。这种由于条文与原则所引发的法治观点的碰撞,不仅使得关于监护权的指定问题在法律上愈加清晰,而且也让整个节目因观点的碰撞而增色不少。与此同时,这种基于具有代表性的个案的观点与思想的交锋,还将电视法治公共领域的批判性与建构性有机结合在了一起。一方面,节目始终允许不同法治观点的存在,并给予其充分的话语表达空间,甚至将不同思想、观点的碰撞作为节目的追求目标之一;另一方面,节目又在不同思想、观点交锋的过程中,有效把握住了所欲达成的建构性导向,即不管是何种思想、观点、代理思路,均是在法治的轨道上解决社会的相关问题。五是把握"交流"的边界。电视法治公共领域主要以法治议题呈现和讨论为主要的功能诉求,并非直接对社会矛盾的解决。因此,电视法治公共领域必须在尊重科学立法、严格执法和公正司法的前提下运行。因此,不管是《我是大律师》还是《律师来了》,均在节目的播出过程中表达了节目所呈现的案例未进入司法程序,节目所呈现的观点不能作为影响司法审判的依据的申明。特别是《律师来了》栏目,其在每期节目的结尾,都以字幕的方式明确打出"本节目以普法为宗旨,各方观点均源于委托人单方陈述,不代表节目立场,不得引为他用,更不得作为影响司法机关公正审判的依据"[6]等话语,明确划分出了电视法治公共领域应有的功能边界。

3. 话语转换:叙事的"沟通式"表达。作为承担了公共领域的议题呈现功能的电视法治叙事,总是围绕着真实性的话语基础,在法治的专业性与电视传播的大众性之间寻找着平衡。由此,一种以"记录体"为本质、以"故事化"为特色的电视法治叙事话语模式在中国电视法治公共领域中被创立出来,并且作为一种普遍的元素长期运用于各类型电视法制节目之中。然而,这种呈现式、单向式的电视法治虽然基本上满足了电视法治公共领域的公共议题呈现要求,但在一定程度上消解了电视法治公共领域作为意见交流、

---

[6] 笔者根据节目整理。

场域的本质属性。"沟通体"的出现,则有效克服了这种消解的弊病,将"谈话"的要素贯穿于电视法制节目的始终,融贯于客观叙事与观点交流的全过程,这不仅适应了中国全民法治观念、法治素养有了较大程度提升的客观现实,而且也从整体上为完善、强化电视法治公共领域的功能做出了新的探索。一方面,"沟通体"以"谈话"的方式展开叙事的推进过程,以主持人与委托当事人、节目嘉宾与委托当事人之间的"一对一""多对一"的方式进行直接的面对面的叙事,整个叙事过程不再如"记录体""说法体"一般所追求的情节的曲折、细节的离奇,而是注重于将事件发生、发展的来龙去脉表达清楚。比如,在《我是大律师》的叙事过程中,节目一方面采用了"交谈"的方式展开叙事,另一方面又大幅度压缩了叙事的节目时长,即便有零星的背景叙事短片,在其中也仅仅起到辅助"谈话叙事"的作用。而《律师来了》的节目叙事,虽然叙事时间有所延长,但是仍然是在"谈话"的话语框架下展开,主要依托于主持人和节目嘉宾的"问"和委托当事人的"答"来展开节目的整体叙事。另一方面,"沟通体"的叙事也有效建构起了一个叙事的谈话场。在这一谈话场中,在主持人的循循善诱下,委托当事人将事件的发生、经过向在场参与主体娓娓道来;主持人、律师等参与嘉宾针对叙事过程中的疑点、难点频频发问,进而共同捋清了事件的全部过程。并且,在这一过程中,委托当事人在角色上已经不再仅仅是一个冷冰冰的客观叙事者,而是成为一个向朋友道出自身受害经历的倾诉者;主持人、律师等参与嘉宾也不再仅仅是一个节目的串联者和法律援助者,而变成了一个知心的"倾听者",双方通过这种特殊的叙事"场效应",达成了一种极为亲密的链接,共同制造出了一种"叙事沟通"的场效应。比如,在《律师来了》推出的《一辆车引起的惊天骗局》这期节目中,委托当事人不仅对其所遭受的上当受骗经历向在场参与主体进行了清晰描述,而且还与大家一起分享、探讨了其在受骗经历过程中的所思所想,最后给人留下了"看似不正常实则又寻常"的深刻影响,并得出了问题的根源就在于委托当事人"贪小便宜"的结论。这种叙事,虽然没有节目策划者们基于故事素材的苦心建构,没有一个又一个离奇的"爆点",但是仍然十分清晰，引人唏嘘。其叙事的效果不仅没有因此而打折扣，反而甚至超过了以往的"说法体""记录体"叙事。

4. 情感介入："沟通体"的人文情怀。公共领域的信息交换、观念交换与思想交换，往往以理性为基本的运作前提。然而，在理性交换的前提之下，如果没有情感在场，其效果的体现也将因此而黯然失色。美国社会学家彼得·M.布劳（Peter Michael Blau）认为，社会资源从小到大可以分为金钱、社会赞同、尊敬和依从四种类型，其中金钱主要作为物质性资源而存在，其余三种类型主要作为情感性资源而发挥作用。并且，情感作为"道德的自我、审美的自我、社会的自我"，是一种具有社会交换性的特殊资源，只有情感的互动，社会主体之间才会"建立起充分的信任，以交换最具特殊性的资源：爱"[7]。进入再造期的中国电视法治公共领域所创设的"沟通体"话语模式，正是基于情感的互动特质，而在信息沟通、观念交换、思想交换的同时引入"谈话式"的情感沟通模式，从而为形成共识这一沟通主要目的注入了更加强劲的动力。这种情感元素对社会结构、人际关系和节目结构的嵌入，尤以《我是大律师》的《我看的孩子没人要》一则案例表现得最为显著：一是配乐的情感化。这期节目主要讲述的是两个孩子因为父母失联而与保姆相依为命的故事，虽然从直观的角度来看是保姆的维权，但是却具有极强的感情色彩。因此，节目选取了极为舒缓而又温情的背景音乐，以营造出一种温暖的谈话氛围。二是叙事的情感化。在主持人、委托当事人、其他参与主体的互动叙事过程中，融入了较多的情感化叙事成分。比如，在委托当事人看到演播厅大屏幕上所照顾的两个孩子照片的时候，委托当事人张女士泣不成声，这种真实而又自然的非语言情感符号的表达，并非有意安排，纯粹是情之所至，从而深深打动了参与节目的五位律师，也打动了在场的所有参与主体。三是法理与情理的交融。由于受到委托当事人事迹的感动，五位律师纷纷从法律角度为委托当事人建言献策。其中一名律师说："我也是一个新晋的

---

[7] 彼得·M.布劳：《社会生活中的交换与权力》，李国武译，商务印书馆，2008。

母亲,所以我觉得身为人母,居然能做出这样的行为,我觉得真的是,我就不想评论这个行为了。"另一名律师也表示"我们不会让你伤了心又伤财"。四是法理、情理与道理的交织。正如主持人齐奇所说,这个案例有"太多的情感纠结在这个法律当中……对这种负责任又好心的人,我们不光要让他们受到精神上的赞美,更应该得到物质上的补偿"。通过以上多元情感要素的高频互动,整档节目不仅实现了卓有成效地传播,探讨劳动合同、子女抚养等相关的法律知识和法治观念,而且也在"真善美"的"人性本善"层面起到了极好的公共领域传播效应,彰显出了法治最根本、最本真的价值追求。

5.3.3 "沟通体"的电视法治公共领域再造功能

自以《小区大事》《我是大律师》《律师来了》为代表的"沟通体"电视节目形态诞生以来,在中国电视法治公共领域的形态格局中,以《今日说法》为代表的"说法体"和以《天网》为代表的"记录体"仍然是中国电视法治公共领域的主流形态。这主要是由于,相比于《今日说法》《天网》的日播形式,除《小区大事》以外,《我是大律师》《律师来了》均以周播的面貌出现,并且两档栏目存在着时间域流的相互衔接关系,即两档栏目并非以一种并列的空间顺序存在,而是以前者出现、后者尚未开发和后者虽然作为前者的升级版,但前者也因此而停播的存在状态。在此种情况下,与"说法体""记录体"相比,"沟通体"所能够产生的媒介影响也就可想而知。

然而,从《小区大事》到《我是大律师》再到《律师来了》的不断升级演进的逻辑脉络中,我们也不难发现其强大的趋势性力量,从而使其具备了电视法治公共领域再造的功能。这一结论的得出,至少可以从以下三个方面得到证明:

首先,"沟通体"以极大的直接参与主体的突破为融合对话空间的大范围公共领域交流起到了探索的作用。我们知道,融合对话空间作为信息传播技术下的产物,以技术的力量将传统的电视对话空间与新兴的网络对话空间整合在了一起,其参与主体不仅包括了每期节目录制演播室内的参与者,也包括了以"网民身份"出现的更大数量、更大规模的对法治公共问题感兴趣的社会群体。"沟通体"中的参与主体,既有主持人、委托当事人,又有律师、社会公益人士和现场观众,还有通过微博、微信、官方网站等与节目进行实时互动的网民。对于如此多样化的、数量庞大的参与主体,"沟通体"通过节目结构的设置和运作方式的设计,将不同参与主体以平等而有序的方式导入电视法治公共领域的谈话场域之中,为融合对话空间的整合起到了至关重要的作用。

其次,"沟通体"以突出的话语模式变革为融合对话空间观点交流的本质体现注入了强劲的动力。公共领域以意见的交流、观点的探讨为主要的特征体现。传统的电视法治公共领域主要是一种从间接对话空间到直接对话空间的公共领域形态演进。其中,间接对话空间虽然具有一定的公共领域的意义,但是缺乏意见的直接交流;直接对话空间虽然有了直接交流的符号,但是这种直接交流的空间却极为逼仄。"沟通体"的产生,则以"谈话"为主体的话语模式变革,使得"谈话""交流"成为中国电视法治公共领域的主要构成因素,从而为以观点交流为显著特征的融合对话空间的形成在专业经验和能力储备上提供了充分的条件。尽管我们看到,"沟通体"所选择的法治话题依然是具体而微的日常生活个案,但是正如传播学研究者杜威所言:"若一件事的结果影响超过了当事人,并对他人的福利有所影响时,就具备了公共之意"[8],"沟通体"对话题代表性的选择,已经使其所呈现的公共议题具有了公共性的意义,使围绕具体公共议题的信息交流、知识交换、意见表达具备了普遍性的意义。

最后,"沟通体"的演进发展促成了融合对话空间的有效整合。如果说信息传播技术的变革为融合对话空间的诞生创造了必要的技术条件的话,那么"沟通体"的创设则为融合对话空间的整合带来了重要的软性支撑,两

---

[8] 胡明川:《电视公共领域的结构转型》,西南交通大学出版社,2014。

者形成了"一个硬币的两面"的紧密格局。从本质上说，融合对话空间也是一种沟通的空间，是电视对话空间与网络对话空间的互动、沟通与融合。传统的间接对话空间巨量而又零散，因互联网传播技术的产生和发展而得到了较大程度的整合，并实现了与直接对话空间的有效对接。并且，作为开放性极强的网络公共领域，其本质也是一种社会沟通的有效机制。在间接对话空间与直接对话空间的对接过程中，"沟通体"不仅实现了在直接对话空间中更加有效的沟通，而且也通过电视法制节目的官方网站、微信公众号、微博等实现了与节目在选题、交流等全流程的全面、及时互动，将两种沟通机制予以有效整合，进而产生了同频共振的融合对话空间场效应。

6 中国电视法治公共领域的结构危机与风险应对

走过近40年的中国电视法治公共领域，在没有任何历史与国外经验可资借鉴的情况下，始终伴随着国家改革开放的深入推进、国家法治建设的不断向前发展、电视行业变革的更新迭代而不断克服各种困难，进而实现了从无到有、从孱弱到强壮的发展转变。在开创期，中国电视法治公共领域在社会法治土壤极贫极弱的情况下，以故事化"记录体"的话语传播方式，几经周折，最终在中国电视公共领域中开辟出了一片稳定的电视法治公共空间；在扩张期，中国电视法治公共领域乘行业扩张的难得良机，不仅实现了空间的大规模扩张，还创造性地推出了"说法体"的法治话语方式，打破了这一空间中长期存在的"有话题呈现、无意见交流"的功能格局，从而真正触及了公共领域的本质与灵魂；在再造期，"沟通体"以异军突起之势，通过大规模的"谈话"元素运用，使得中国电视法治公共领域的意见交流功能成为整体功能的主导，进而让"谈法"成为整个社会的一种新的时尚。

然而，这种空间发展和话语的创新，并不代表中国电视法治公共领域已经走向了真正的成熟。站在改革开放40周年的历史交汇点，我们更加深切感受到的不是其过去所取得的骄人业绩，而是其在结构上所面临的重大危机：传播技术的深刻变革，电视已经褪去了"第一媒体"的光环，负载其上的中国电视法治公共领域也不再如过去一般耀眼；故事化"记录体"模式的大规模使用甚至滥用，不仅导致了中国电视法治公共领域空间结构形态的整体性失衡,而且也造成了其话语方式的日趋僵化,进而影响到了其核心功能的发挥。

当前,国家全面深化改革仍在深入推进,国家法治体系建设刚刚起步,电视融合转型继续艰难前行。这一切的一切,均需要中国电视法治公共领域以独到的理念、全新的姿态和创新的举措,承担起其应有的公共领域职责。未来,中国电视法治公共领域究竟应当何去何从?

为了更好地说明这一问题,本研究采用文献资料、问卷调查、业者访谈三大研究方法紧密结合。其中,问卷调查主要针对普通社会公众而展开,采取简单随机抽样的方式,每个样本被抽中的概率相等。抽样时,处于抽样总体中的抽样单位被编排成 1~n 编码,然后利用专用的计算机程序确定处于 1~n 间的随机数码,那些在总体中与随机数码吻合的单位便成为随机抽样的样本。共发放调查问卷 500 份,回收调查问卷 500 份,由于本研究在调查时对问卷调查执行过程保持了较好的控制,回收问卷均为有效问卷。在回收问卷的人口统计特征描述分析中可以发现,被调查对象无论从性别、年龄、还是从受教育程度、收入水平、来自地区、职业等来看,均具有较强的代表性。访谈主要针对以央视电视法制节目业者而展开,兼顾地方电视台的电视法制节目业者,共访谈 10 名,相关回答均以匿名方式处理。

6.1 中国电视法治公共领域的结构危机

从微观角度来说,不同地域、不同形态的中国电视法治公共领域往往有着不同的结构性危机。比如,对于地方电视法治公共领域而言,其往往存在着结构失衡、功能失衡等突出问题,并且在过度娱乐化、法治话语的不足等方面表现得尤为显著;而对于电视法制报道节目、电视法制说法节目、电视法制纪实节目等不同类型的公共领域形态,其所面临的问题往往也有所不同。但是,从整体上看,生态危机、结构危机、话语危机、功能危机构成了中国电视法治公共领域所面临的主要结构性危机。

6.1.1 载体危机:媒介格局变迁下的"整体失落"

载体的扩张性是中国电视法治公共领域发展水平的重要衡量标准之一,并与电视平台本身的渠道传播影响力有着极为密切的关系。然而,调查结果表明,当前通过不同媒介渠道关注法治话题的被调查对象情况为:广播43人、电视213人、报纸31人、杂志6人、书籍25人、互联网474人、社交314人、其他379人(见图6-1)。其中,使用电视关注法治话题的被调查对象虽然超过了广播、报纸、杂志、图书等传统媒介渠道,但是却与互联网的高媒介渠道使用有着极大的差距,甚至也远远落后于同事、朋友、家庭等人际社交传播渠道,以及"其他"媒介传播渠道的使用率。相比于社会公众对法治话题高达85%的关注度比例而言(见图6-2),电视媒介渠道所能吸引的社会公众关注度极为有限。并且,即便是通过电视渠道关注法治话题,社会公众的使用率也相对较低,根据213份收看过电视法制节目的观众调查数据显示,仅有11人每天收看电视法制节目,而每周几次的则高达98人,每月几次的有85人,每年几次的有8人,社会公众对电视法制节目的观看使用已经处于轻度参与的状态。由此可见,作为中国电视法治公共领域所赖以依托的电视媒介传播渠道,已经在载体本身的传播影响力上面临着极大的危机,进而影响到了中国电视法治公共领域的扩张。

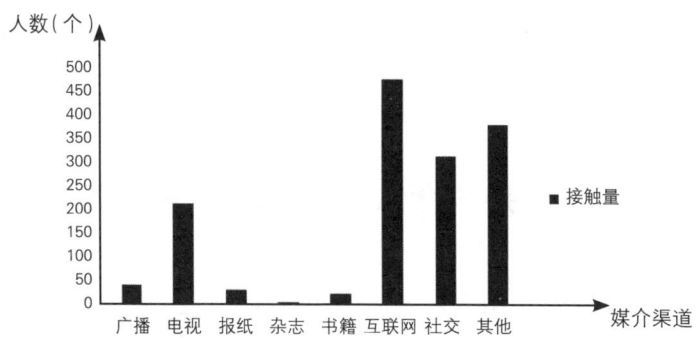

图 6-1　社会公众关注法治话题媒介渠道统计图

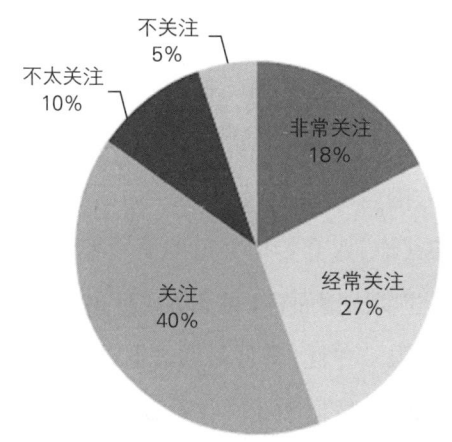

图 6-2　社会公众对法治话题关注情况统计图

事实上,自 1986 年中国第一个网站——中国学术网正式启动以来,互联网技术迅速在全国范围内大规模运用。互联网技术在媒体领域的运用,使得网易、新浪、腾讯新闻、凤凰网等门户网站纷纷崛起。特别是以腾讯视频、爱奇艺、优酷土豆为代表的一批网络视听媒体,更是对在产品特征上具有极大相似性的电视媒体形成了直接的竞争和挑战。尤其是在 2015 年,"电视广告收入首次被网络游戏市场超越""互联网媒体的市场占比由 2014 年的 47.2% 上升到 51.8%"[1]。这两项指标标志着包括电视在内的所有传统媒体已经被网络媒体超越,相应地带来了媒体格局、舆论格局和媒体话语权格

---

[1]　崔保国主编《中国传媒产业发展报告(2016)》,社会科学文献出版社,2016。

局的深刻转变,电视也正式走下了"第一媒体"的神坛,网络媒体摇身一变成为当之无愧的"媒体之王"。近三年来,电视媒体与网络媒体之间的差距进一步拉大。据CSM最新统计数据显示,2017年,全国电视观众人均每日收视时长已经下降至139分钟,同比下降绝对值为13分钟,低于观众每日人均上网时长5分钟;并且,电视观众的人均到达率也下降至55.7%,同比下降比例为4.8%,降幅达到近年来的最大[2]。另据国家广播电视总局公布的《2017年全国广播电视行业统计公报》显示,2017年全国电视广告收入为968.34亿元,在近年来不断下滑的同时进一步同比下降3.64%[3];相反,互联网广告市场规模则已经突破3000亿元,逼近4000亿元。

电视行业规模的急剧萎缩,使得负载其上的电视法制节目正在加速丧失发展的动力。一方面,电视法制节目的停播之声不绝于耳,电视法制节目的绝对规模不断缩小。其中,标志着我国电视法制节目正式诞生的上海电视台《法律与道德》栏目,在几经节目形态、播出时段、播出平台的变化之后,已于近年停播。而几年前盛极一时、广受欢迎的拍案说法类电视法制栏目,也已纷纷停播,几近绝迹。即便是地面电视频道大量开播并且备受省级卫视青睐的电视调解节目,也于近年开始呈现式微之势,深圳都市频道就已于2017年停播了《第一调解》栏目。另一方面,电视法治专业频道的生存举步维艰,徒有其表。自20世纪90年代以来,伴随着我国电视法制节目走向兴盛和电视频道向专业化发展,全国所开办的电视法治专业频道就有10个左右。依托这些频道,电视法制节目形态得到了极大丰富,不仅是节目形态的质量和数量得到了极大提升,而且在法制记录节目、法制娱乐节目等多样化节目形态创新方面取得了一定的进展。但是,近年来,我国电视法治频道已经呈现出名存实亡的状态,不少地方电视法治频道仅有一两档法制栏目,与其法治专业频道的定位显然极不相称;部分电视法治频道已由原来的"法治

---

[2] CSM:《收视中国》,http://www.csm.com.cn/yjtc/sszg/。
[3] 搜狐娱乐:《广电总局发布2017年全国广播电视行业统计公报》,https://www.sohu.com/a/234204126_114941。

频道""法制频道""政法频道"定位转为与其他定位的结合,以拓宽频道的生存空间;部分电视法治频道则直接停播了其所开办的专业频道,如深圳法治频道的停播即为典型的案例。除此之外,即便是此前盛极一时的品牌电视法制栏目,其收视率也不断下降。以北京电视台《法治进行时》为例,其在1992年开播之初收视率仅为0.2%左右,但是此后则一路攀升,并且在2010年出现了高达10%的收视率,在此之后收视率一路下滑,到了2014年则已经下降到平均5%左右[4](见图6-3),并且在近年来持续走低。

在媒体格局整体变迁、中国电视法治公共领域的扩张戛然而止的大背景下,虽然央视仍然维持着"一主体"(社会与法频道)+"三品牌"(《今日说法》《经济与法》《法治在线》)的整体公共领域格局,但是其整体收视成绩与过去相比,也不可同日而语。以当前仍为央视最具影响力的电视法制栏目《今日说法》为例,其收视率在开播前三年的时间里就已经高达5%以上,稳居央视全台收视前十,但是近年来的收视率却出现了不断下滑的态势,即便是在2010年的一次改版,其平均收视率也仅能达到1.47%,近年来收视率更是难以超过1%,相应的观众影响规模也大幅下降。

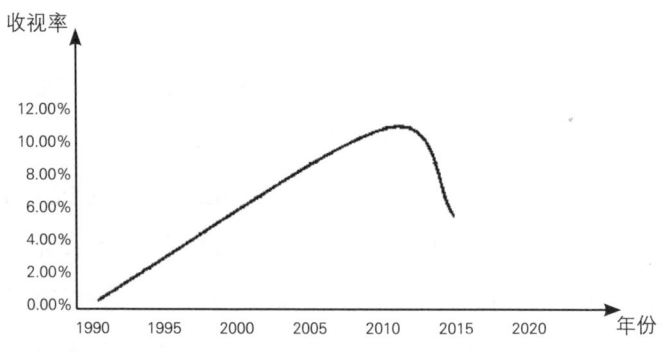

图6-3　北京电视台《法治进行时》栏目收视率变化图[5]

---

[4]　武治华:《树立〈法治进行时〉品牌栏目——做好栏目重点选题的策划与运作》,《新闻研究导刊》2014年第7期。

[5]　笔者根据相关资料整理制图。

6.1.2 形态危机:空间层次的结构性失衡

问卷调查统计结果表明,在收看电视法制节目的群体中,对节目表示"非常满意"的有7人,表示"满意"的有21人,表示"不确定"的有30人,表示"不满意"的有106人,表示"非常不满意"的有49人。对于不满意的原因,有15人认为"故事不够吸引人",有56人认为"法律知识讲得不够通俗",有32人认为"不认同节目中主持人、嘉宾的观点",有142人认为"节目形式、语言太过陈旧、老套",有23人认为"无法获得节目的帮助",有99人认为"无法参与节目话题的讨论",有41人认为有"其他"原因(见图6-4)。从中我们可以看出,一方面,"节目形式、语言太过陈旧、老套"已经成为当前电视法制节目观众最为诟病的问题;另一方面,电视观众对节目参与性的要求已经变得非常迫切,能够在一定程度上对节目观点表达不同的意见。

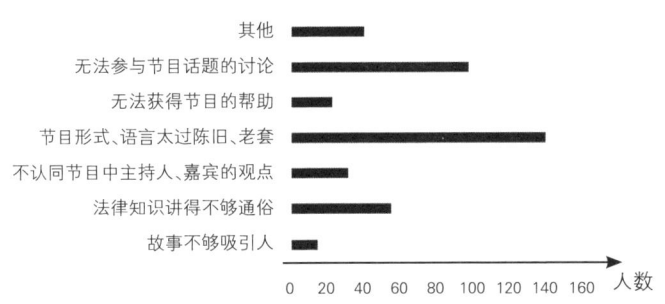

图6-4 电视法制节目观看满意情况统计图

中国电视法治公共领域在从探索到扩张再到再造的过程中,分别开创了间接对话空间、直接对话空间和融合对话空间三种主要的空间形态。三种主要的空间形态与特定的社会历史阶段相结合,有效满足了当时社会公众的基本法治文化需求。其中,产生并成长于开创期的间接对话空间,适应了改革开放后20年左右中国社会法治意识普遍薄弱的基本现状;而扩张期出现的直接对话空间,则适应了中国社会已经普遍具有一定的法治意识的现实情况,并且满足了公众希望能够参与国家法治建设的基本诉求;再造期的融合对话空间通过将间接对话空间与直接对话空间、传统的电视对话空间与新兴的网络对话空间相结合的方式,以在空间的开放性、平等性和公共性方面的突破性举措,有效满足了社会公众更高的法治公共领域发展需求。然而,由于中国社会本身的复杂性、多样性和不均衡性,使得三种空间形态并非以相互替代的时间序列结构形态而呈现,而是呈现出了相互叠加、不断丰富的空间发展面貌。三种空间形态的组合呈现,对于满足不同社会阶层、不同法治素养层次的公众的法治文化需求,分别发挥着不同的作用。比如,对于仍然占据中国41.8%比例的农村群体而言,间接对话空间的故事化"记录体"形式往往能够以节目本身的生动形象性助力于其法治意识的培养;对于具备了一定法治意识的社会中下层群体而言,直接对话空间不仅有助于其进一步增强法治意识,而且还能够在一定程度上进一步培养其学法用法、了解法理的习惯思维;而对于具有较高法治意识的社会中层以上群体而言,融合对话空间则在满足其了解法治需求的同时,通过具体案例的法理剖析,达成其参与法律知识运用和探讨法治观点的更高追求。因此,不同空间形态的同时存在,有着极为坚实的现实社会基础,但是,如何协调处理好不同空间形态的结构关系,则是中国电视法治公共领域当前所面临的突出问题。

一方面,根据国家统计局发布的最新统计数据显示[6],截至2017年底,在中国13.9亿的人口规模中,城镇人口已经达到8.13亿人,占比58.52%;乡村人口则仅为5.77亿人,占比41.48%;全年人均国内生产总值59660元,比上年增长6.3%;同时,全国高等教育在学人数已经超过3000万人,其中在学研究生规模为263.9万人,普通本专科在校生规模为2753.6万人,高等教育入学率达40%以上。以上三项指标表明,中国国民的整体素质结构已经发生了极为重大的变化,已经具备了更强的公共事务的参与条件,从整体上已经对电视法制公共领域有了更加强烈的参与需求。另一方面,从央视的电视法制节目配置所体现出的电视法治公共领域空间形态结构来看,剔

---

[6] 国家统计局:《中华人民共和国2017年国民经济和社会发展统计公报》, http://www.stats.gov.cn/tjsj/zxfb/201802/t20180228_1585631.html。

除作为专业法治频道的社会与法频道的《实习志》《决不掉队》《夕阳红》三档非法制类栏目，其共有21档电视法制栏目，其中归属于间接对话空间的电视法制栏目有15档之多，直接对话空间则仅有两档，融合对话空间虽从理论上看有四档，但真正意义上的融合对话空间栏目仅有一档。其中，《小区大事》虽然具有强烈的"沟通体"属性，但主要是以电视的镜头记录基层调解的过程，媒体本身并不参与进"沟通"的话语体系之中，因而只能视之为"沟通体"的初步探索；《心理访谈》虽然具有极强的"沟通"色彩，但主要仍是属于典型人物的宣传，不具备法治的议题交流属性；《我是大律师》《律师来了》虽然是两档代表性融合对话空间栏目，但是均以季播形式出现，并且后者对前者具有替代关系（见表6-1）。这种"倒金字塔"的空间形态关系结构，体现出了中国电视法治公共领域虽然有着趋势上的进步，但整体上仍然是一种以间接对话空间为主导性结构的结构形态。显然，这样的结构形态现状，与当前中国国民人口结构、财富水平和受教育水平极不适应，必然导致中国电视法治公共领域因无法有效满足社会主流群体的法治公共领域参与需求而削弱其自身对社会的话语权和影响力。

表6-1 央视电视法治公共领域空间形态所属类别表[7]

所属类别	栏目名称
间接对话空间	《法治在线》（新闻频道）、《经济与法》（经济频道）、《热话》《鹰眼》《警察特训营》《忏悔录》《道德观察》《法律讲堂》《见证》《平安365》《热线12》《天网》《庭审现场》《闯关到12》《一线》
直接对话空间	《今日说法》（综合频道）、《夜线》
融合对话空间	《小区大事》《我是大律师》《律师来了》《心理访谈》

[7] 笔者根据相关资料整理制表。

6.1.3 话语危机:话语表达方式的日渐僵化

通过图6-4,我们还发现,电视法制节目的故事性已经不再是观众对电视法制节目关注的焦点。相反,节目形式语言的"陈旧、老套"已经成为当前电视法制节目观众的不可容忍之处。根据福柯的话语理论,所谓话语,主要是指"在特定社会文化条件下,为了一定目的而说出或者写出的论证性话语,它不只是'说'和'写'的问题,而是伴随着'说'和'写'的过程所进行的一系列社会文化操作活动,是一系列'事件'"[8]。作为社会实践活动的话语和权力体现的话语,总是与最为鲜活的日常生活紧密相连,并体现出话语者背后的知识、思想和意图。因此,任何试图固定化、模式化的话语方式,均难以获得持久的生命力,并与其所处的话语环境格格不入。

从整体上看,伴随着中国电视法治公共领域的演变,其话语方式表现出较为明显的推陈出新。但与中国电视法治公共领域的空间形态结构相似,其话语表达方式又呈现出了如下危机:

1.故事化"记录体"的滥用。由于法治特别是法律本身的专业性,为了将枯燥艰涩的法律术语化为通俗易懂的生活语言,中国电视法治传播者们创造性地推出了"故事化"记录体的话语表达方式。这种话语表达方式将影像语言与声音语言有机结合,形成了独特的话语表达体系。比如,在《今日说法》的话语体系中,先以开篇导视的方式引出当期节目的话题,然后又以最为惊险的一幕开始故事的讲述,继而切入主持人的演播室现场,而后层层深入,推动故事走向结束,最后由主持人与嘉宾进行现场问答。其间,不管是主持人的串联,还是每一小节的分节,多以悬念的语气,推进节目叙事的向前。此种话语方式,与主持人的个性特征相结合,又进一步增强了其"说法体"的特征。在《今日说法》创办之初,这种话语方式对于习惯了呆板生硬的"报道体"法制节目话语模式的观众而言,的确增添了较多新意,使其似有

---

[8] 石义彬、王勇:《福柯话语理论评析》,《新闻与传播评论》2010年第1期。

"听朋友讲故事"的新鲜、亲切之感。节目的成功,也因此而获得了行业的追捧,纷纷推出了大量类似的节目。不仅如此,故事化"记录体"还作为一种深层次的叙事元素、风格元素,融入几乎所有电视法制节目之中。我们看到,不管是作为报道类法制节目的《法治在线》《热线12》,还是作为专题类法制节目的《经济与法》《天网》《忏悔录》《道德观察》《庭审现场》《一线》等等,其话语方式、风格几乎如出一辙。即便是在《我是大律师》《律师来了》等"沟通体"电视法制节目中,我们仍能发现这种故事化"记录体"的影子。至此,此种话语模式已经不再是提升节目生动形象性的重要手段,而是成为滥用、僵化的代名词,由此给观众带来的视觉疲劳、听觉疲劳与审美疲劳,彻底消耗掉了社会对故事化"记录体"的心理认同感,加速了此类节目收视率的下降。

2.电视法治话语的不足。作为电视话语与法治话语相结合的电视法治话语,既不是简单地追求通俗化的话语体系,也不是各种法律专业术语、话语逻辑的晦涩表达,而是两种话语体系的有机结合。经历了长达几十年的发展,中国电视法治话语依然存在如下几个方面的不足:一是陈述多于"说法"。从前述对中国电视法治公共领域的空间形态结构性分析中,我们依然可以发现,客观叙述的节目占据了整个电视法制节目的主流,即便是以《今日说法》为代表的"说法体",虽然经过多次改版,也仍然仅有"5分钟"的法理探讨时间,这无疑不符合以意见交流为核心的公共领域本质特色。二是嘉宾"说法"过于艰涩。虽然《我是大律师》《律师来了》引入了具有极高法治素养的"律师"元素,并且也对参与节目的律师们的电视话语表达进行了专业的培训,但是仍然无法克服律师从专业角度对案例进行条文引用和话语表达的晦涩问题。三是主持人"说法"的不符法理。比如,在2005年3月18日《今日说法》所播出的《"天堂"里的车来车往》一期节目结束时,主持人竟然以"目前勾海峰一案正在一审过程中,勾海峰一定会因为自己的行为而付出代价"为结束语。虽然这是具有一定笼统性的话语表达方式,但仍然无法摆脱预判式的司法干预之嫌,显示出了主持人法治理念的不足和电视法治话语使用的失当。

3.情感话语的滥用。做到情理法的交融,是电视法治公共领域话语表达的极高境界。然而,滥用情感话语表达,则有可能消解电视法治公共领域传播与交流法理的基本诉求。在央视的诸多电视法制节目中,情感话语元素的运用往往是各栏目的重要使用手段。比如,在前文所分析的《我是大律师》的《我看的孩子没人要》一则案例中,主持人在与委托当事人谈到"保姆给同父母失联的孩子唱《鲁冰花》时孩子就安静了"的时候,面对委托当事人的情不能自已,主持人仍提出"那你现场能唱两句吗"的要求,最后在委托当事人回应"不唱了"之后方以"不唱了,不唱了,不能为了节目效果让你再伤心,咱不唱了"的话语结束这段难堪的对话。

6.1.4　功能危机:公共领域功能的错位与异化

在本次问卷调查中,对于收看电视法制节目的目的,有22人选择出于"休闲娱乐"的目的,有81人是为了"学习法律知识",有75人是为了"关注法治动态",有87人是为了"参与法治话题的讨论",有33人是为了"获取栏目组、法律专家的帮助",有57人表示还有"其他"原因(见图6–5)。由此可见,公众对电视法制节目的"休闲娱乐"功能的需求相对较低,更多的则是为了获取法律知识、关注法治动态、参与法治话题讨论,这与电视法制节目的本质属性严肃性有着莫大的关系,此类型节目主要起到的还是"环境监测"的大众传播功能。值得一提的是,虽然公众对电视法制节目有着多样化的严肃性需求,但是作为一种新的需求类型,即"参与法治话题讨论"的需求已经达到了一个极高的水平。并且,从前文的分析中,我们也看到,"无法参与节目话题的讨论"是社会公众目前对电视法制节目不满意的重要原因之一。这显示出了当前以电视媒体业者为代表的电视法治公共领域建构者对受众需求在认知与事实上的重大差异,值得引起深思。

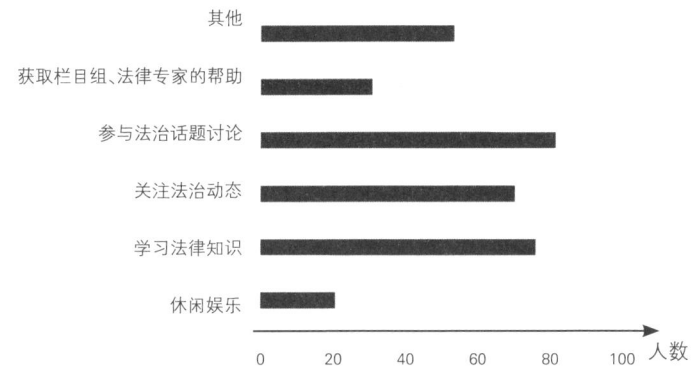

图 6-5　电视法制节目观看目的统计图

实际上,电视法治公共领域遵从于公共领域的根本诉求,以法治公共议题呈现和法治公共意见交流为主要功能,进而形成公共舆论,最终作用于国家秩序建设、法治建设和社会整体运行。在形态危机和话语危机的作用下,中国电视法治公共领域出现了法治公共议题功能"过剩"和法治公共意见交流功能"不足"的错位现象,并伴随着法治公共议题讨论内部的结构性问题。特别是在当前间接对话空间仍然占据央视法制节目体系绝对主导性地位的情况下,其所起到的作用往往仅是向公众讲述了一个故事、呈现了一个议题,至于议题背后的法律知识、法理精神,则涉及较少,往往仅停留在浅层次和表面化的观点表达;而直接对话空间和融合对话空间虽然有了围绕法治知识和法治精神的讨论,但一方面象征性意义大于实质性意义,《今日说法》的"5分钟"讨论模式虽然有了"一对一"或"一对二"的谈话场景设置,并且也对相关的问题进行了精心的设计,但从总体上看,由于谈话时长的限制,节目对所讨论的问题极不深入,也不全面;另一方面,谈话形式较为单一,仅有《今日说法》和《律师来了》两种类型。除此之外,从谈话选题和谈话视角两个角度来看,目前的电视法治公共领域的视野也极为狭窄。其中,在谈话选题方面,虽然中国电视法治公共领域已经打破了"重刑轻民"的结构性障碍,并将民事案件的议题摆在了更加突出的位置,但是这种"刑""民"之争仍然未能跳脱出传统的"普法"话语框架,对于更具有法治意义的立法、执法、司法等方面的问题往往涉及极少,这显然不符合国家推进"法治体系"建设的现实发展需求;而在谈话视角方面,中国电视法治公共领域仍然是采取"对法律仰视"而"对公众俯视"的眼光,无法真正实现媒体与公众、法治的真正平等对话。在此种情况下,中国电视法治公共领域的法治意见交流也就无法在促进共识的基础上向舆论监督、推动立法等更高层面迈进。同时,即便是在法治公共议题呈现功能的内部,也存在着自身的结构性问题。大量的电视法制节目往往是以"节目呈现专题化,专题呈现故事化"的方式运作,而忽视了电视法治公共领域对其议题呈现功能的时效性要求。央视社会与法频道在开播之初推出了《中国法治报道》这一资讯类节目,对于公众随时掌握最新的国家法治动态无疑作用巨大,然而却在开播几年后走向了停播;其新闻频道推出的《法治现场》虽然强调报道的时效性,但是却愈加向法治专题的方向靠拢,这些无疑对其议题呈现功能也造成了较大程度的损害。

6.2 中国电视法治公共领域的危机归因

中国电视法治公共领域存在的以上危机,既是各危机类型相互交织、作用的结果,同时也在深层次上与信息传播技术环境的变化、作为中国电视法治公共领域关键建构主体的认知结构以及中国电视法制节目的隐性经济运行机制存在着极为紧密的关系。

6.2.1 技术归因:"危"与"机"中的艰难调适

马克思主义理论认为,生产力对生产关系具有决定性的作用。我国改革开放总设计师邓小平进一步提出,科学技术是第一生产力。由此可见,科学技术在推动人类文明发展中的根本性作用。20 世纪 80 年代以来,伴随着互联网技术、通信技术的快速发展,科学技术在传播领域的全方位、深入性影响与日俱增。其突出表现就是,以门户网站、网络论坛为代表的网络新媒体及其后依托智能手机终端而兴盛的QQ、微信、微博、移动客户端、网络自媒体等网络新媒体,快速打破了传统的媒体传播渠道垄断。在传播技术不断变革和新媒体产品推陈出新两大合力作用下,我国受众快速脱离传统大众传媒的控制,或者减少对传统大众传媒的接触,由此引发了包括受众、市场、媒体在内的传媒生态格局的极速变迁。最新统计数据显示,我国电视覆盖规模虽然高达12亿人以上,但是电视开机率却逐年下降,甚至已经降至20%左右的低点;不仅如此,即便是开机电视用户,其日均收视时长也不断下降;相反,我国网民规模却已经达到7.72亿(其中手机网民规模为7.53亿),其中与电视媒体存在直接竞争的网络新闻用户规模达到6.47亿、网络视频用户规模达到5.97亿、网络直播用户规模达到4.22亿。由此我们可以看出,我国网络媒体的用户规模已经远远超过了电视媒体的用户规模。实际上,不仅如此,以微信朋友圈、微博、网络游戏等为代表的网络产品,也进一步分流了原本属于电视媒体的受众注意力,使得电视媒体的受众使用率更大幅度减少。在此种形势下,中国电视法治公共领域确实面临着极大的生态性危机。

然而,"危机"作为"危"与"机"共同组合而成的词汇,也预示着"危"中必然有"机"。根据新一代法兰克福学派学者安德鲁·芬伯格关于传播技术是由技术本身的革新、技术与大众的互动而形成的客观结果的传播技术观点[9],传播技术影响媒介生态,媒介生态亦作用于传播技术,从而形成了现实的技术面貌。支持芬伯格观点的一个重要案例为20世纪70年代法国政府推行的一项旨在促进法国现代化的Teletel计划。该计划通过法国电话公司向法国民众免费发放了超过50万台的小型电传,但是尽管公众

---

[9] 李志敏:《从"控制工具"到"交往媒介":论新一代法兰克福学派学者芬伯格的传播技术观》,《国际新闻界》2017年第3期。

免费获得了该终端，但使用极少，直到后来有黑客将其改造成为一种通讯系统之后，该计划才获得了民众的积极响应。在这里，终端仍是原来的终端，但是其功能却在技术与公众的互动之中发生了悄然改变，从而客观呈现出了一种新的技术面貌。实际上，中国电视传媒虽为技术的媒体，受到技术的极大影响，但是同样也是公众的一员，有着形塑传播技术变革的力量。然而，相比于公众对传播技术变革的影响（具体表现为众多新媒体产品研发将用户作为核心，以不断提升用户体验为创新导向），中国电视媒体对传播技术的运用虽然有着一定的认识和实践，但是未能以一种全新的互联网思维，对各种新媒体传播技术手段进行充分的运用和整合，因此也难以重拾自身的传播影响力。

6.2.2　认知归因：公共意识的不足与法治观念的落后

从"国家－社会"关系框架下考察，中国社会一直存在着具有自身个性特征的公共领域。这种公共领域区别于西方国家与社会的二元对立，而是呈现出两者适度分离而又相互交融的格局，在此前提下涌现出了儒家的民本主义、士大夫的清议传统等公共思想[10]。及至改革开放以后，这种公共思想又进一步演化为了对关系社会共同利益的强烈关注，并内化进入了社会精英阶层甚至全体社会成员的普遍共识。也正因如此，诸如贫富差距问题、环境保护问题、食品安全问题、教育公平问题等诸多公共议题才能引起社会公众的极大关注和广泛热议。然而，这样的公共意识却并未随着社会的普遍心理变化而进入电视法治公共领域的空间，化为中国电视法治公共领域建构者们的基本共识和意识自觉。相反，贯穿在中国电视法治公共领域建构者们思维中的主要是"普法"这一表面化、浅层次的认知逻辑。比如，央视

---

[10]　黄月琴：《"公共领域"概念在中国传媒研究中的运用——范式反思与路径检讨》，《湖北大学学报（哲学社会科学版）》2009年第6期。

1985年推出的《规矩与方圆》，提出的就是"没有规矩，不成方圆"的节目理念，强调的仅仅是对全社会遵循"规矩"的价值倡导；1998年改版后的《社会经纬》，提出的则是"在庭审中讲述故事，在冲突中普及法律"，仍然是一种单向度的"普法"栏目诉求；1999年开播的《今日说法》，也仅仅是直观明了地表达了其"点滴记录中国法治进程"的记录功能；2003年开播的《经济与法》虽然提出了"推进中国市场经济规范进程"的节目诉求，但是离真正的维护社会公共利益的公共性诉求仍然有一定的距离；2017年开播的《律师来了》虽然提出"法为绳墨，助为初心"的节目理念，但是却愈加偏离了公共性的方向。以上事例表明，虽然从客观上看，中国电视法治公共领域无论是在议题设置还是在话题讨论上，均体现出了较强的公共性特征，但是从作为领域建构主体的主观传播诉求角度来看，其并未从公共领域、公共性的视角来审视自身的角色，更遑论其具备公共领域的基本思想。相应地，中国电视法治公共领域就节目而论节目，就法治而论法治的节目形态、话语方式，两者的僵化也自然不足为奇。

另一方面，中国电视法治公共领域建构者（主要是指电视业者）法治观念的落后也是制约空间形态创新、话语方式改进和空间功能完善的重要因素。从央视电视法制节目主持人肖晓琳、撒贝宁、张绍刚、李晓东、路一鸣、刘元元、经蓓等人的受教育背景可以看出，在如此众多的法制节目主持人中，仅有撒贝宁、经蓓具有法学教育的背景。知识结构决定了其认知结构，也决定了其参与电视法治公共议题讨论的能力和深度。虽然非法学专业出身的主持人可以通过接受一定的法学培训，并借助于自身较强的传媒专业素养，而在一定程度上弥补知识的缺陷，然而其对电视法制节目的整体驾驭能力则与具有专业知识结构的主持人相比不可同日而语。我们看到，撒贝宁在节目主持时对法律知识、法治观念信手拈来、游刃有余，而别的主持人则仅能在节目组幕后支撑下浅尝辄止，以情感元素和主持技巧予以弥补，对笔者的上述观点即为最好的明证。从本研究针对10名电视法制节目业者的访谈结果来看，虽然大部分业者也表示对当前中国电视法制节目的发展现状并不满意，并且认识到社会环境、国家法治建设对电视法制节目发展的积极作用，但是仍然认为电视法制节目的成功首先必须要"好看"，不能抛弃传统的故事化表达手段。同时，10名电视法制节目业者虽然多为电视法制节目的资深人士，但是多达一半以上的人并无法学专业背景。他们认为，只要多看现有成功节目（包括国外成功法制节目），加之提升节目采编播水平，有效整合社会法治资源，就能够取得节目的成功。当然，本研究的这一说法可能有失偏颇，也有可能过于苛求，但从电视法治公共领域对主要建构者的要求角度来说，并不为过。与此同时，在当前国家宣布已经由"法律体系"建设阶段进入"法治体系"建设的情况下，中国电视法治公共领域虽然有了一定的反映，但是仍然未能根本转向，未能从整个法治体系的宏大视野中来审视立法、执法、司法等各个方面的问题，更未从培养成熟的法治国家理念的角度来思考中国电视法治公共领域的整体结构安排、具体节目形态创新和法治话语创新，令人不免感到较多遗憾。

6.2.3　经济归因：公共属性与经济属性的长期博弈

自1978年改革开放正式启动以来，在"以经济建设为中心"的国家战略重心转移背景下，各行各业围绕市场的运转模式得以确立并向纵深方向发展。在电视行业，1979年1月左右，上海电视台播出了"中国电视历史上第一条商业广告——1.5分钟的《参桂补酒》"[11]。由于"广告可否播出属于重大政策问题"，因此央视在此时尚"按兵不动"，一直到了1979年12月经中宣部批准后才正式播出广告。在学界探讨和国家承认媒体的经济属性的基础上，"事业单位，企业化管理"这一兼具宏观决策与中观运行的媒体运作机制也作为媒体改革的重要内容被正式确定下来。随着中国电视改革的逐渐深入，其经济属性的功能逐渐向"节目"这一微观的生产单元渗透。央视于

---

[11]　郭镇之:《中国电视史》,文化艺术出版社,1997。

1990年左右就正式推出了"独立制片人制",实行节目经费包干、设备使用有偿和人员使用自主的管理模式,并进而发展成为"栏目时段公开竞标"的节目管理办法[12]。在此种节目管理模式下,包括《社会经纬》《今日说法》《法治在线》《经济与法》等众多电视法制栏目均是通过这种方式而得以产生,并生存发展。这对于处于行业上升期的电视法治公共领域来说,不失为一件好事。从某种意义上说,在《社会经纬》之后短短几年时间里,央视大量的电视法制节目的推出乃至社会与法频道的成功开播,除了适应社会变迁与国家法治建设的形势,市场利益的驱动无疑在其中起到了相当大的作用。也正因如此,《今日说法》在2010年通过改版就实现了单栏目年度创收超过2亿元的骄人业绩。

但是,这种经济利益的驱动却是以对公共利益的牺牲作为代价的。对于置身其中的央视电视法制节目,同样也不例外。比如,在笔者针对业者的访谈中,不少被访谈对象就谈到,虽然自己也有打造理想化的电视法治公共领域的想法,但是这却不能带来收视率,进而无法获得相应的广告收入,也就无法维持节目的正常运转。这就造成了在表面的"承担'普法'责任"的话语掩盖之下,实际追求的却是尽可能高的节目收视率的现象。由此,"故事化"也不再是为了更好地方便观众了解法律知识、形塑法治理念的重要手段,而是成了博取收视率的有力工具,进而从实质上造成了中国电视法治公共领域公共属性对电视媒体经济属性的妥协与让步。因为,即便是承担了公益普法的重要职责,如果一档电视法制栏目丧失了必要的收视率,也就意味着这档栏目的消亡。这也正好解释了央视社会与法频道中《中国法治报道》为何最终走向了消亡,《大家看法》《经济与法》《法治在线》为何最终走向了"讲故事"的逼仄空间的原因,同时也解释了在国家大力推进"法治体系"建设的今天却仍然存在大量以故事化"记录体"为特色的节目,而缺乏以"沟通体"为趋向的融合对话空间节目,解释了为什么作为国家级专业法治

---

[12] 赵化勇主编《中央电视台发展史1958—1997》,中国广播电视出版社,2008。

频道的社会与法频道,虽然有着较大规模的电视法制节目,但是节目迭代更新极为频繁,难以打造出有分量的品牌节目和创新节目。

6.3 中国电视法治公共领域的危机启示

中国电视法治公共领域所面临的以上四大危机,表明其已经面临着较为严重的困难关头。与风险的将来时态、不确定性相比,危机更是一种过去与现在的问题累积,并且具有较强的可确定性,能够通过对"危险"的认知、分析与应对和对"机会"的牢牢把握,从而实现"应对危机""化危为机"的顺利过渡。因此,基于对中国电视法治公共领域目前所面临的四大危机和三大根源的梳理,笔者以为可以从以下四个方面予以有效应对:

6.3.1 生态重建:建立电视法治公共领域的社会保护机制

生态理论认为,生态是指"有机体和其环境之间相互作用"[13]的状态。因此,对生命有机体的考察,不能仅仅着眼于对有机体自身进行思考,而应当将其置于外部环境及其与环境之间的关系之中予以系统性考虑。事实上,对于公共领域的认知,研究者们早已达成了必须在"国家-社会"这一关系框架下予以关照共识。从历时性线索来看,中国电视法治公共领域所依托的电视媒体自诞生以来,一直被作为"党和人民的耳目与喉舌"而存在。早在1954年,毛泽东同志就提出了"要办电视"的重要指示,周恩来不仅领导了全国电视事业的发展推进工作,还亲自指导电视业务的开展,在党和国家

---

[13] Michael Begon、Colin R. Townsend、John L. Harper:《生态学——从个体到生态系统》,李博、张大勇、王德华主译,高等教育出版社,2016。

的高度重视下,中国电视一步一步走向了"第一媒体"的地位。对于电视媒体的经济来源问题,改革开放前实行政府全额拨款的方式,一直到了改革开放之后,由于媒体的经济属性得到社会各界的广泛认可,加之中国电视行业正处于快速上升的历史发展时期,全国各地电视台加大了广告经营的力度,并且取得了可观的经济效益。央视于1979年按照财政部、中央广播事业局的要求,正式试行"财政包干"制度,实行"差额补助、结余留用",其收入规模从1980年的243万元快速上升到了1988年的5000万元,并在1997年达到了114亿元,目前已经突破了300亿元[14]。近年来,在网络新媒体的受众分流、广告分流、影响力分流的快速挤压下,虽然央视与地方电视台综合实力的快速下降情况相比稍显乐观,但是其受众规模的缩小、节目收视率的下降却也是不争的事实。

当前,面对网络新媒体对电视媒体的强势生态位入侵和挤压,中国电视法治公共领域所依托的中国电视法制节目已经难以依靠自身的经营努力满足节目生存与发展的需要,这对中国电视法治公共领域的发展造成了前所未有的挑战。因此,必须从外部生态角度出发,为其健康良性发展创造宽松的条件。

1.实行公益性节目的特殊考核机制。目前,中国电视法制节目被各级各地电视台作为普通的电视节目,与其余电视节目类型一道,采用"独立制片人制"的管理模式,由"收视率""广告收入"两项核心指标决定其生死。对此,应当从社会效益角度考虑,从其实现法律知识、法治精神传播等方面,设定相应的指标,推动节目形态、节目话语的不断改变,以更好地满足公众对电视法治公共领域的参与需求和服务需求。

2.建立畅通的电视法治公共领域经济支持机制。一方面,国家公、检、法系统作为国家法治建设的重要主体和普法力量,不仅要积极加强对电视传播手段的利用力度,而且还应当从自身的宣传经费中拿出必要的资金,支

---

[14] 常江:《中国电视史(1958—2008)》,北京大学出版社,2018。

持电视法制节目的发展；另一方面，社会各类公益组织、企业和普法热心人士，也应当以与电视媒体开展合作的方式，共同助力电视法制节目的发展。中国电视法治公共领域只有在建立多元化的经济来源渠道的基础上，才能确保自身的可持续发展，保持自身的公益性和中立性，从而充分实现其法治议题呈现与法治议题探讨的综合功能。

在访谈中，不少被访谈对象也表示，如果所在电视台能够明确电视法制节目的公共属性，并且能够通过各种渠道对节目的发展给予必要的支持，同时实行以社会效益为导向的考核机制，他们就可以在节目的内容、形式、表达方式等方面进行更加大胆的创新，以更好地契合社会的需要、时代的需要。

6.3.2　认知重构：公共意识与法治精神的双重提升

提升电视法治公共领域建构者的公共意识，就是要求中国电视法治公共领域建构者，特别是电视媒体法制节目业者们要以自觉、主动的意识和态度，将服务社会公众的法治公共利益作为电视法治传播的终极追求，将节目的社会效益摆在首要的位置，将经济效益的实现建立在社会效益实现的基础之上，摒弃狭隘的收视率至上的追求，以及同质化、过度故事化、娱乐化、低俗化等损害节目质量、博取感官刺激的做法，将节目真正打造成为重要的国家法治公共领域。实际上，打造国家法治公共领域也应当成为电视法制节目的根本专业诉求。对于公共领域，哈贝马斯曾经指出，其主要是指"作为公共舆论的、具有政治批判功能的公共领域"，是"一种关于民主话语空间的理论"[15]。在很大程度上，公共领域主要指的就是公共舆论，其早期主要表现为咖啡馆的讨论，之后则表现为大众传媒的传播。毫无疑问，基于至今仍

---

[15] 莫茜：《哈贝马斯的公共领域理论与协商民主》，《马克思主义与现实》2006年第6期。

具重要影响的电视平台的电视法制节目,通过信息提供、舆论监督、文化传播、社教服务等全方位的公共服务活动,应当也能够承担起法治公共领域的重要角色。按照哈贝马斯基于沟通取向或者说公共领域取向的"交往理性主义"[16]思想,这不仅是社会公众的追求,同时也是国家法治乃至政治获取或巩固合法性的需求。

另一方面,要从"法治精神"的站位、"立法体系"的视野,全面提升中国电视法治公共领域建构者自身的法治素养。一是要树立健全的法治精神,培育弘扬法治文化的情怀。法治精神作为思想层面的法治,属于法哲学领域的研究范畴,是法治的价值追求,也是指导法治理论研究与法治具体实践的根本遵循。2012年,党的十八大明确提出了"倡导富强、民主、文明、和谐,倡导自由、平等、公正、法治,倡导爱国、敬业、诚信、友善"[17]的社会主义核心价值观体系,从国家、社会、个人三个层面,对我国社会主义核心价值观进行了最新的概括,成为引领我国不断向前发展的思想旗帜。其中,法治被纳入到该体系之中,具有极为非凡的意义。从具体本体内容来看,根据研究者刘平[18]的说法,作为社会主义核心价值观的法治还包括了六个方面的内容:一是自由。马克思认为,"自由就是从事一切对别人没有害处的活动的权利"[19]。德国古典主义哲学家康德指出:"自由是每个人据其人性所拥有的一个唯一的和原始的权利"[20]。由此我们可以看出,在对别人没有害处的前提下,任何公民都有选择自己生存与发展方式的决定权,法

---

[16] 曾赟:《韦伯与哈贝马斯法治观之元理论比较》,《湘潭大学学报(哲学社会科学版)》2005年第6期。

[17] 新华网:《胡锦涛在中国共产党第十八次全国代表大会上的报告》,http://www.xinhuanet.com/18cpcnc/2012-11/17/c_113711665.htm。

[18] 刘平:《法治与法治思维》,上海人民出版社,2013。

[19] 曾赟:《韦伯与哈贝马斯法治观之元理论比较》,《湘潭大学学报(哲学社会科学版)》2005年第6期。

[20] 曾赟:《韦伯与哈贝马斯法治观之元理论比较》,《湘潭大学学报(哲学社会科学版)》2005年第6期。

律对此必须予以保护,并且要将其作为法治的终极价值目标。二是公平。古希腊哲学家亚里士多德指出,"公平是百德之总"[21],由此可见,公平在道德体系以及以道德为基础的法治价值体系中的重要地位。作为法治的内在价值,公平是指"个人自由与公平的社会分配同时并存的一种平等,它是以承认社会成员间的自然差别为前提,注重缩小社会差距的一种公平"[22]。公平主要包括了权利公平、机会公平和规则公平三种类别。其中,权利公平主要是指公民的法律基本权利的平等,也就是我们通常所说的"法律面前人人平等",这是社会主义法治的基本属性;机会公平主要是指"所有人都有发挥才干、靠自由的劳动和智慧增长财富的机会"[23],以及平等地获取教育、就业、医疗等各个方面生存与发展权利的机会;规则公平主要是指必须按照公平的基本原则建立法律或法律体系,使得任何公民都能得到法律规则的保护。三是正义。正义即正当、合理,就是要"对平等地位的人平等对待,对地位不平等的人根据他们的不平等给予不平等待遇",包括了实质正义和形式正义、个人正义与社会正义等。这是法治的普遍价值。四是秩序。这里的秩序主要是指法律秩序,不包括由道德、习俗、习惯、社会自治规则所建立起来的其他国家秩序和社会秩序。作为秩序的一种,法律秩序是法治的基础价值,力求达到一种完善、良性的社会规范化运行状态。五是效率(效益)。这是法治的经济价值,要求法治体系必须以极高的效率和极好的效果进行运作。六是和平。作为法治追求的一种社会价值,和平就意味着法治能够有效化解社会成员之间的矛盾,促进社会稳定与国家的长治久安,这既是法治的价值追求之一,又是法治的效果体现。

---

[21] 曾赟:《韦伯与哈贝马斯法治观之元理论比较》,《湘潭大学学报(哲学社会科学版)》2005年第6期。

[22] 曾赟:《韦伯与哈贝马斯法治观之元理论比较》,《湘潭大学学报(哲学社会科学版)》2005年第6期。

[23] 曾赟:《韦伯与哈贝马斯法治观之元理论比较》,《湘潭大学学报(哲学社会科学版)》2005年第6期。

二是要熟悉法治的运作体系与法律体系,在运用层面具有较高的法律素养。其中,在熟悉法治的运作体系方面,要特别熟悉人大、公安、检察、法院等各机关立法、执法和司法等方面的主要职责、工作程序和工作要求,为分析法治问题、了解法治运行、开展法治监督、处理好法治与各个系统的关系等储备必要的知识条件。在熟悉法律体系方面,既要对宪法及其相关法、民法、商法、行政法、经济法、社会法、刑法、诉讼与非诉讼程序法等各个法律部门的法律法规的门类、相互关系有着清晰而又深刻的认识,又要对与公众日常生活、社会公共利益密切相关的法律条文有所了解,能够具备较强的法律问题探讨能力,以更好地在电视法治公共领域的日常实践中发挥法治公共议题探讨的功能。

6.3.3 空间重组:建立融合对话空间主导下的多元空间体系

推动中国电视法治公共领域的空间重组,就是要通过对中国电视法制节目的节目形态体系进行全方位的改造,变一直以来存在的"倒金字塔"结构为"立金字塔"结构。为此,笔者以为可以通过以下三个方面的组合举措达到这一目的:

1.压缩间接对话空间规模,扩大融合对话空间领地。为了适应中国公共领域所需条件日趋成熟和"全社会法治观念明显增强"的新常态,中国电视法治公共领域应当以更高的发展站位,果断与过去僵化的故事化"记录体"话语方式和空间表现方式相切割,大幅度压缩相关节目规模,而将叙事仅仅作为一种法治公共议题呈现的手段,将更多的空间留给法治公共意见的交流。此种讨论既可以是对案例本身给予社会的启示,又可以是相关法律知识的运用,还可以是其背后所蕴含的法治精神的阐释,等等。

2.拓展电视法治公共领域的议题视野。2016年4月,《中央宣传部、司法部关于在公民中开展法治宣传教育的第七个五年规划(2016—2020年)》

中，从四个方面提出了本阶段"普法"的主要内容：一是"深入学习宣传习近平总书记关于全面依法治国的重要论述"；二是"突出学习宣传宪法"；三是"深入宣传中国特色社会主义法律体系"；四是"深入学习宣传党内法规"[24]。这四个方面的主要内容，对于电视法治公共领域的议题视野拓展，又包含了三个层面的指向：其一，围绕法治精神，特别是习近平的现代法治观念、宪法精神等方面展开如何贯彻、如何维护的讨论；其二，围绕"科学立法、严格执法、公正司法、全民守法"的法治体系建设要求，通过发挥中国电视法治公共领域的意见交流功能，既建言献策，又开展监督；其三，在劝导守法和利用法律手段保护公民合法权益的基础上，跳脱个人的狭隘视野，围绕教育、就业、收入分配、社会保障、医疗卫生、食品安全、扶贫、慈善、社会救助和妇女儿童、老年人、残疾人合法权益保护等更加宽广领域的话题，组织社会公众参与讨论，推动社会秩序更加完善。

3. 创新融合对话空间的表现形式。目前，"沟通体"谈话模式作为中国电视法治公共领域复合空间的代表，仍存在形式单一的问题。因此，中国电视法治公共领域应当在多元化的"沟通体"打造上进一步着力，从而增强电视法治平台对于公众参与的吸引力。事实上，作为电视实践公共领域功能的代表，电视谈话节目一直因其极大的参与体验性、话题讨论开放性、参与主体平等性而受到电视媒体和观众的喜爱，其中尤以凤凰卫视的电视谈话节目实践最为引人注目。其所推出的《鲁豫有约》《时事开讲》《风云对话》《锵锵三人行》《名人面对面》《一虎一席谈》《实事辩论会》，不仅针对各种话题无所不谈，而且还开创了两人对谈、三人对谈、多人对谈、讨论式对谈、辩论式对谈等各种各样的谈话形式。在此，笔者建议，中国电视法治公共领域的发展，应当积极借鉴凤凰卫视的谈话节目发展经验，并更加充分地融入网络沟通的元素，进一步丰富自身的谈话形式。特别需要指出的是，目前中国电

---

[24] 中国共产党新闻网：《中共中央国务院转发〈中央宣传部、司法部关于在公民中开展法治宣传教育的第七个五年规划（2016—2020年）〉》，http://cpc.people.com.cn/n1/2016/0418/c64387-28283132.html。

视法治公共领域虽然有了谈话的基本形式,但是缺乏谈话的精神实质,特别应当以打造高端纯法制访谈节目的魄力,摆脱就事论事的"法律公益服务"的平台定位和谈话模式,而上升至法治公共意见交流的高度,将议题的呈现仅仅作为一种手段,而将议题的讨论作为主要的着力点,通过对公民日常生活中的守法、立法、执法、司法等各个方面的案例的法治精神层面的讨论,增强节目自身的思想性、讨论性甚至论辩性,更加有力地彰显其公共领域的特色,更好地服务法治国家、法治政府和法治社会的建设。

6.3.4 手段重整:以全新融合思维重塑法治公共领域面貌

当前,官方网站、微信公众号、微博已经成了以央视电视法制节目为代表的全国电视法制节目的标配。借助于各种新媒体传播手段的组合运用,中国电视法制节目实现了间接对话空间与直接对话空间、传统的电视对话空间与新兴的网络对话空间的有效沟通,为中国电视法治公共领域的复合空间建构提供了有力的支撑,使得中国电视法治公共领域的开放性、平等性和公共性得到了显著的增强。比如,《今日说法》就于2016年初组建了新媒体"微型"团队,并以微信和微博为主阵地,辅以一点资讯、企鹅号等,从内容设置、呈现形式、服务沟通等方面强化栏目与公众的沟通,取得了不俗的成绩[25]。然而,客观来讲,目前中国电视法治公共领域对新媒体传播手段的运用,仍然处于浅层次、零散化、非系统化的基本状态,是传统电视法制节目与新媒体传播手段之间、各新媒体传播手段之间的简单相加,难以承担起维持并扩大自身公共领域影响力的效果。

为此,中国电视法治公共领域的媒体建构者们需要以更新的思路,对传统渠道与新媒体渠道及其相关资源进行全方位整合,以新的理念、新的

---

[25] 王秀敏:《〈今日说法〉的新媒体运营研究》,《中国广播电视学刊》2018年第3期。

功能、新的方式，重塑节目与外部要素之间的沟通格局，实现由传统的电视法制节目传播向视频法制节目传播再到融合法治传播的三级跨越和创新突破。其中，在理念方面，要以"公共服务平台"的理念统领全媒体运营全局，实现变传播为服务、变受众为用户、变传播平台为交流平台的重大转变。这方面，南京电视台《有请当事人》栏目已经进行了较好的尝试。该栏目最初在"栏目＋微信公众号"模式下，主要以"节目亮点呈现＋节目预告推送"为主要新媒体呈现内容，收效甚微；在吸取经验教训的基础上，栏目一改这一当时为全国多数法制节目普遍采用的模式，创新性地提出了打造"南京律师团"公益法律服务平台的设想，通过依托该台《有请当事人》《法治现场》等传统栏目及栏目所汇聚的各类法治资源，将注意力主要集中于用户服务而非宣传节目之上，用户数量迅速超过 5 万户[26]。这种理念创新的成功，不是"电视法制节目＋网络新媒体"的物理结合，而是结合节目优势、基于互联网传播规律的化学反应，为我国电视法制节目从理念上创新全媒体传播提供了重要的参考依据。在功能与实现方式方面，电视法制节目应当以"传统电视渠道＋各种新媒体渠道"为依托，着力打造成为集合节目传播、话题讨论、公益服务为主要功能的全新功能体系。其中，在节目传播方面，电视法制节目应当在传统的电视渠道播出之外，加大在自有微信平台、微博平台、网站、客户端，以及外部具有较强影响力的各类新媒体播出渠道全面展示日常节目内容，发布节目预告，必要时也可以通过碎片化的方式，将节目亮点以碎片化的思路、短视频的手段向内外各平台推送，以使节目传播效果最大化；在话题讨论方面，各电视法制节目团队应当积极发挥其全媒体平台的重要作用，通过主动策划，对社会热点法治话题或者用户关注度较高的法治话题，利用传统热线电话渠道、网络互动渠道等方式，充分调动受众、网民参与话题讨论，推动相关社会共识的达成；在公益服务方面，电视法制节目团队

---

[26] 达彤：《新媒体平台如何与法制节目融合——由〈南京律师团〉创新引发的思考》，《电视研究》2016 年第 S1 期。

应当将其作为新的功能体系的重中之重,通过整合法治系统的各类资源,为广大用户提供实实在在的法律援助服务。还是以南京电视台"南京律师团"公益法律服务平台为例,其依托于《有请当事人》栏目的播出,争取到了南京市政法委、南京市司法局和南京律师协会的大力支持,整合了多达26家律师事务所,并通过微信公众号发放免费法律服务接洽函,为南京市民提供"免费打官司""免费私人法律顾问"等五项免费法律服务,以此强烈的参与式特色建构迅速赢得了南京市民以及外省市用户的广泛关注[27]。同时,其微信公众号的活跃度及精彩内容,又反向输出到南京电视台的《有请当事人》《法治现场》等传统渠道之中,实现了二者的良性互动,取得了"1+1 > 2"的全媒体传播效果。

---

[27] 王秀敏:《〈今日说法〉的新媒体运营研究》,《中国广播电视学刊》2018年第3期。

参考文献

一、中文文献

胡翼青. 西方传播学术史手册[M]. 北京：北京大学出版社，2015.

甘惜分. 新闻学大辞典[M]. 郑州：河南人民出版社，1993.

莫衡，等. 当代汉语词典[M]. 上海：上海辞书出版社，2001.

任超奇. 新华汉语词典[M]. 武汉：崇文书局，2006.

中国共产党中央委员会. 中国共产党第十八届中央委员会第四次全体会议公报[R]. 北京：人民出版社，2014.

赵玉明，王福顺，等. 广播电视辞典[M]. 北京：北京广播学院出版社，1999.

韩明安. 新语词大词典[M]. 哈尔滨：黑龙江人民出版社，1991.

方毅华. 节目构思与分析[M]. 北京：中国广播电视出版社，2009.

廖盖隆，孙连成，陈有进，等. 马克思主义百科要览（下卷）[M]. 北京：人民日报出版社，1993.

张柏然. 英汉百科知识词典[M]. 南京：南京大学出版社，1992.

时蓉华. 社会心理学词典[M]. 成都：四川人民出版社，1988.

曹普. 当代中国改革开放史（下卷）[M]. 北京：人民出版社，2016.

马国泉，等. 新时期新名词大辞典[M]. 北京：中国广播电视出版社，1992.

刘平. 法治与法治思维[M]. 上海：上海人民出版社，2015.

胡明川.电视公共领域的结构转型[M].成都：西南交通大学出版社，2014.

常江.中国电视史（1958—2008）[M].北京：北京大学出版社，2018.

徐光春.中华人民共和国广播电视简史（1949—2000）[M].北京：中国广播电视出版社，2003.

郭镇之.中国电视史[M].北京：文化艺术出版社，1997.

赵化勇.中央电视台发展史（1958—1997）[M].北京：中国广播电视出版社，2008.

游洁,郑蔚.电视法制节目新论[M].北京：中国广播电视出版社，2007.

曹普.当代中国改革开放史（上卷）[M].北京：人民出版社，2016.

马婷.叙事与话语[M].北京：中国社会科学出版社，2017.

郭庆光.传播学教程[M].北京：中国人民大学出版社，2011.

崔保国.中国传媒产业发展报告（2016）[R].北京：社会科学文献出版社，2016.

顾晓燕.公共话语空间构建中电视传播与网络舆论互动研究[M].上海：上海交通大学出版社，2015.

央视《焦点访谈》栏目组.《焦点访谈》里的焦点[M].北京：中国工人出版社，2018.

中国广播电视学会电视法制节目委员会.见证中国法治进程1[M].北京：中国人民公安大学出版社，2002.

中央电视台《社会经纬》栏目组.社会经纬[M].北京：中国人民公安大学出版社，2002.

中央电视台《今日说法》栏目组.今日说法故事精选② 2005年版[M].北京：中国人民公安大学出版社，2005.

朱英.转型时期的社会与国家——以近代中国商会为主体的历史透视[M].武汉：华中师范大学出版社，1997.

石义彬,王勇.福柯话语理论评析[J].新闻与传播评论，2010.

黄月琴.公共领域的观念嬗变与大众传媒的公共性——评阿伦特、哈贝马斯与泰勒的公共领域思想[J].新闻与传播评论,2008.

黄月琴."公共领域"概念在中国传媒研究中的运用——范式反思与路径检讨[J].湖北大学学报(哲学社会科学版),2009.

王玲,申恒胜."公共领域"之系谱考察[J].学习与实践,2007.

王宝霞.阿伦特的"公共领域"概念及其影响[J].山东社会科学,2007.

王笛.晚清长江上游地区公共领域的发展[J].历史研究,1996.

赵红全.公共领域研究综述[J].中共杭州市委党校学报,2004.

敬海新.阿伦特的公共领域思想研究[J].攀登,2007.

刘汉超.论古希腊城邦时期的公共领域与私人领域[J].内蒙古大学学报(哲学社会科学版),2015.

许纪霖.近代中国的公共领域:形态、功能与自我理解——以上海为例[J].史林,2003.

傅永军.传媒、公共领域与公众舆论[J].现代视听,2006.

张金海,李小曼.传媒公共性与公共性传媒——兼论传媒结构的合理建构[J].武汉大学学报(人文科学版),2007.

王潇.党的"耳目喉舌"和公共话语空间——《人民日报》评论版的双重角色建构[J].传播与版权,2015.

小笛.给弱者讨个说法[J].当代电视,2000.

吴闯."第一现场"的纪实性表达与新闻性本位[J].现代传播,2008.

《中国广告》编辑部.打造中国最具影响力的法制专业频道——央视《社会与法》频道于2004年12月28日正式开播[J].中国广告,2005.

孙海石.精品赏析:《今日说法》[J].电视研究,2001.

文璐.神秘的欠条[J].致富天地,2007.

朱清河,刘娜."公共领域"的网络视景及其适用性[J].现代传播:中国传媒大学学报,2010.

许鑫.传媒与公共领域研究:现状与反思[J].惠州学院学报(社会科学

版),2010.

石长顺,向培凤.公共电视与公共领域的建构[J].现代传播:中国传媒大学学报,2006.

朱清河.公共领域视域下电视法制节目的"创新"限度[J].现代传播:中国传媒大学学报,2012.

李良荣.论中国新闻改革的优先目标——写在新闻改革30周年前夕[J].现代传播:中国传媒大学学报,2007.

李金宝.电视法制节目的流变及发展趋势——兼论中国电视法制节目的形态与模式[J].现代视听,2011.

陈克,李晓君.我国法制电视节目的发展历程与趋势[J].新西部,2013.

张瑜烨.《今日说法》节目标题的四定位[J].当代传播,2004.

展江,李洋."午餐桌上的法律"与中国法治化进程[J].现代传播:中国传媒大学学报,2009.

范愉.电视法制节目与法制建设的互动关系[J].南通师范学院学报(哲学社会科学版),2003.

谭天.论电视节目形态构成——一种用于节目研发的理论模型[J].现代传播:中国传媒大学学报,2009.

李毅.电视法制节目的类型分析[J].现代传播:中国传媒大学学报,2006.

张仕勇.电视法制节目的形态创新[J].中国记者,2006.

范愉.电视法制节目评析[J].中国广播电视学刊,2004.

白广富.电视法制访谈节目探析[J].中国广播电视学刊,2004.

黄海星.试析《法治进行时》的节目形态[J].中国广播电视学刊,2005.

吴桂莉.论电视法制节目传播过程的"双重编码"与"双重解码"[J].浙江工商大学学报,2006.

李希光,杜涛.《今日说法》中的讲故事艺术[J].电视研究,2009.

陈笑春.封闭叙述与开放叙述:法律的两种电视话语再现[J].国际新闻

界,2012.

汪露蓉.电视法制节目的叙事话语分析[J].韶关学院学报·社会科学,2011.

陈笑春.动态记录·大众阐释·文化传承——电视媒体在法治环境建构中的功能[J].重庆邮电大学学报(社会科学版),2015.

尹力,王新中,张国飞.以推动公民素质的提高为己任——中国电视法制节目的使命[J].中国记者,2000.

陈飞.网络新闻评论与构建公共话语空间的多视角分析[J].青年记者,2007.

林晖.受众·公民·消费者[J].新闻大学,2001.

杨生平.话语理论与中国特色社会主义话语体系构建[J].中国特色社会主义研究,2015.

李石.平等理论的谱系——兼论平等与自由的关系[J].哲学动态,2016.

李智.从权力话语到话语权力——兼对福柯话语理论的一种哲学批判[J].新视野,2017.

保建云.社会成员话语权分布平衡性衡量——兼析社会成员话语权演变的经济动因[J].中国人民大学学报,2015.

廖小平,周泽宇.价值观的分化探析——以改革开放以来中国社会为背景[J].北京大学学报(哲学社会科学版),2013.

黄远声,冯纪元.改革开放以来我国法治国家建设的历程及经验[J].武汉科技大学学报(社会科学版),2015.

潘永明.生动形象的法制宣传——介绍上海电视台的《法律与道德》专栏[J].新闻记者,1986.

袁沫.《观察与思考》与节目主持人[J].电视研究,2000.

黄海星.《社会经纬》改版后法制专题节目的定位[J].电视研究,1999.

冯隽.把枯燥的法律条文故事化——谈央视"社会经纬"栏目[J].新闻

与写作,2001.

《科学社会主义》编辑部.我国电视的社会拥有量发展迅速[J].科学社会主义,1992.

童庆华.我国电视机市场的发育趋势[J].统计与决策,2000.

张国良,吕建江.把旁听席延伸到千家万户——我们是怎样办好"法庭传真"栏目的[J].视听界,1997.

何平平."实录新闻"的操作[J].新闻实践,2004.

尹力.办出特色更上一层楼——由《社会经纬》谈法制节目[J].电视研究,1997.

孟超.《今日说法》的叙事学分析[J].新闻世界,2010.

马昊,都沙,令狐昌芹.当前我国农民工法律素质状况的调查与分析[J].北京电子科技学院学报,2006.

周洁.大学生法律素养现状调查与分析[J].湖北经济学院学报(人文社会科学版),2010.

黄炜.电视频道过多及其引发的连锁问题[J].发展,2015.

蔡祥荣.情系百姓立足普法——浅析《今日说法》如何坚持"三贴近"[J].福建师范大学福清分校学报,2005.

田秋丽.《经济与法》栏目成功之道的法律视角分析[J].新闻战线,2014.

顾亚奇.《经济与法》凸显电视栏目成功的普适性要素[J].现代传播:中国传媒大学学报,2007.

尹鸿."第一现场":法制电视节目的新闻化探索——以中央电视台《法治在线》为例[J].现代传播:中国传媒大学学报,2008.

时统宇.法制类电视节目创新创优的几个问题——以央视《法治在线》栏目为例[J].中国广播电视学刊,2004.

姚飞.从《经济与法》谈法制类节目如何做出独特性[J].中国广播电视学刊,2013.

毕一鸣."说新闻":真正内涵是什么?[J].传媒观察,2003.

易文.中国电视谈话节目发展十年回顾[J].新闻知识,2004.

黄昌林.论电视叙事符号系统的构成和组合法则[J].成都大学学报(社科版),2002.

陆地,钟列,蔡维.《今日说法》片头创意 LAW TODAY[J].电视字幕 特技与动画,2001.

文璐,吴长伟.法律的天平能承载多少关爱——谈名专栏"今日说法"[J].中国记者,2003.

翟延峰.《文涛拍案》的节目特色[J].青年记者,2007.

邢志鸿.打造社区"沟通体"——以合肥晚报社区报《派河晨刊》为案例[J].新闻战线,2017.

武治华.树立《法治进行时》品牌栏目——做好栏目重点选题的策划与运作[J].新闻研究导刊,2014.

李志敏.从"控制工具"到"交往媒介":论新一代法兰克福学派学者芬伯格的传播技术观[J].国际新闻界,2017.

莫茜.哈贝马斯的公共领域理论与协商民主[J].马克思主义与现实,2006.

曾赟.韦伯与哈贝马斯法治观之元理论比较[J].湘潭大学学报(哲学社会科学版),2005.

王秀敏.《今日说法》的新媒体运营研究[J].中国广播电视学刊,2018.

达彤.新媒体平台如何与法制节目融合——由〈南京律师团〉创新引发的思考[J].电视研究,2016.

范愉.关注"活的法"[N].中国图书商报,2002.

钱蔚.《今日说法》——普法真谛 百姓情怀[N].法制日报,2004.

二、外文文献

1.译文

哈贝马斯.公共领域的结构转型[M].曹卫东,王晓珏,刘北城,宋伟杰译．上海：学林出版社，1999.

哈贝马斯．在事实与规范之间——关于法律和民主法治国的商谈理论[M]．童世骏译．北京：生活·读书·新知三联书店，2003.

马克·范·胡克．法律的沟通之维[M]．孙国东译．北京：法律出版社，2008.

汉娜·阿伦特．人的条件[M]．竺乾威译．上海：上海人民出版社，1999.

彼得·M.布劳．社会生活中的交换与权力[M]．李国武译．北京：商务印书馆，2008.

杰里米·边沁．政府片论[M]．马兰译．北京：台海出版社，2016.

托伊恩·A.梵·迪克．作为话语的新闻[M]．曾庆香译．北京：华夏出版社，2003.

Michael Begon，Colin R. Townsend，John L. Harper. 生态学——从个体到生态系统[M]．李博，张大勇，王德华主译．北京：高等教育出版社，2016.

2. 原文

Barbara F. Schloman. Creative commons: An opportunity to extend the public domain [J]. Online Journal of issues in nursing, 2003.

Peter Dahlgren. The Internet, Public Spheres, and Political Communication: Dispersion and Deliberation [J]. Political Communication, 2005.

Tamara Sheppard. Putting the public in the public Domain: The public library's role in the re-conceptualization of the public domain [J]. New Library World, 2009.

Leonhard Dobusch.The Digital Public Domain: Relevance and Regulation [J]. Information & Communications Technology Law, 2012.

Toula&Lisby. Towards an affirmative public domain [J]. Cultural Studies, 2014.

George Robert Boynton. Co-Motion-Twitter Enters the Public Domain [J]. Open Journal of Political Science, 2014.

Thomas Jacobson. Trending theory of the public sphere [J]. Annals of the International

Communication Association, 2017.

Lowry & Dennis T.Setting the Public Fear Agenda: A Longitudinal Analysis of Network TV Crime Reporting, Public Perceptions of Crime, and FBI Crime Statistics [J]. Journal of Communication, 2003.

Karen Aho.TV and the Supreme Court [J]. Columbia Journalism Review, 2003.

Peter Robson.Lawyers and the legal system on TV: The British experience [J]. International Journal of Law in Context, 2006.

Friehe, Tim & Müller, Helge & Neumeier, Florian.The effect of Western TV on crime: Evidence from East Germany [J]. European Journal of Political Economy, 2018.

附录一 社会公众电视法治公共领域认知与满意度问卷调查表

填表说明：请您根据自己的认识体会在合适的选项后打"√"。未提示可多选的选项，请单选，否则问卷作废。

一、被调查对象人口统计特征描述

1. 您的性别是：

①男（   ）　　　②女（   ）

2. 您的年龄是：

① 18 岁及以下（   ）　　② 19—22 岁（   ）　　③ 23—40 岁（   ）

④ 41—60 岁（   ）　　　　⑤ 60 岁及以上（   ）

3. 您的受教育程度是：

①小学及以下（   ）　　②初中（   ）　　　③高中（   ）

④本科、大专（   ）　　⑤硕士（   ）　　　⑥博士（   ）

4. 您的月收入水平是：

① 5000 元及以下（   ）　　　　② 5000—10000 元（   ）

③ 10000—30000 元（   ）　　　④ 30000 元及以上（   ）

5. 您来自：

①华中地区（   ）　　②华北地区（   ）　　③华南地区（   ）

④西北地区（   ）　　⑤东北地区（   ）　　⑥西南地区（   ）

⑦华东地区（　　）

6. 您的职业是：

①国家机关、党群组织、企业、事业单位负责人（　　）②专业技术人员（　　）③办事人员和有关人员（　　）④商业、服务业人员（　　）⑤农、林、牧、渔、水利业生产人员（　　）⑥生产、运输设备操作人员及有关人员（　　）⑦军人（　　）⑧其他从业人员（　　）

二、被调查对象电视法治公共领域认知与满意度调查

7. 您平时关注法治话题吗？（如果选①—④，请继续回答后续问题；如果选⑤，请结束答题）

①非常关注（　　）　　②经常关注（　　）　　③关注（　　）

④不太关注（　　）　　⑤不关注（　　）

8. 您一般通过什么渠道关注法治话题？（可多选，如有选②，请继续回答后续问题；如果未选②，请结束答题）

①广播（　　）　　②电视（　　）　　③报纸（　　）

④杂志（　　）　　⑤图书（　　）　　⑥互联网（　　）

⑦社交（　　）　　⑧其他（　　）

9. 您平时收看电视法制节目的频次是：

①每天收看（　　）　　②每周若干次（　　）　　③每月若干次（　　）

④每季度若干次（　　）　　⑤每年若干次（　　）

10. 您能回忆起您所观看过的电视法制节目的名称吗？（可多选）

①《今日说法》（　　）　　②《法治在线》（　　）　　③《律师来了》（　　）

④《小区大事》（　　）　　⑤《法治现场》（　　）　　⑥《法观天下》（　　）

⑦《法治进行时》（　　）　　⑧其他（　　）

11. 您收看电视法制节目的目的是什么？（可多选）

①休闲娱乐（　　）　　②学习法律知识（　　）　　③关注法治动态（　　）

④参与法治话题讨论（　　）　　⑤获取栏目组、法律专家的帮助（　　）

⑥其他（　　）

12. 您对目前的电视法制节目满意吗?(如果选④—⑤,请回答第13题;如果未选④—⑤,请跳过第13题)

①非常满意( )　　②满意( )　　③不确定( )

④不满意( )　　⑤非常不满意( )

13. 您认为您对目前电视法制节目不满意的原因是什么?(可多选)

①故事不够吸引人( )　　②法律知识讲得不够通俗( )

③不认同节目中主持人、嘉宾的观点( )

④节目形式、语言太过陈旧、老套( )

⑤无法获得节目的帮助( )　　⑥无法参与节目话题的讨论( )

⑦其他( )

14. 您认为电视法制节目应该组织专家学者、社会公众参与法治话题讨论吗?

①非常应该( )　　②应该( )　　③不确定( )

④不应该( )　　⑤非常不应该( )

15. 您自己有意愿参加电视法制节目组织的讨论吗?

①非常愿意( )　　②愿意( )　　③不确定( )

④不愿意( )　　⑤非常不愿意( )

16. 如果您有参加电视法制节目组织讨论的经历,请问您是通过何种联系手段参与节目的?(可多选)

①节目邀请( )　　②电话( )　　③微信公众号( )

④微博( )　　⑤官网留言( )　　⑥其他( )

17. 您认为目前电视法制节目提供的沟通联系手段满足了您的参与需求吗?

①非常满足( )　　②满足( )　　③不确定( )

④不满足( )　　⑤非常不满足( )

18. 您希望电视法制节目能够提供更多的沟通交流渠道,并且在节目及相关渠道中呈现更多不同渠道沟通交流的内容吗?

①非常希望( )　　②希望( )　　③不确定( )

④不希望( )　　⑤非常不希望( )

附录二 中国电视法制节目业者电视法治公共领域认知与满意度访谈提纲

1. 您对目前中国电视法制节目的运行现状满意吗？原因是什么？
2. 您认为推动电视法制节目向前发展的因素主要有哪些？
3. 您认为目前中国电视法制节目从业人员是否胜任节目的专业需求？
4. 您认为目前电视法制节目是否应当承担法治议题公共沟通的职责？
5. 您认为目前中国电视法制节目是否存在公共沟通的不足？如果存在，其原因主要有哪些？
6. 您认为，未来中国电视法制节目要更好地发展，至少应该具备哪些条件？
7. 如果请您再打造出一档电视法制节目，您有何设想？

附录三 攻博期间发表的与学位论文相关的科研成果目录

袁侃,安治民,周怡.中国广电传媒生态化转型研究[M].北京:中国社会科学出版社,2018.

袁侃.新型主流媒体的多维生态内涵解析[J].编辑之友,2017.

袁侃.如何做好调查类电视节目——以《我是卧底》为例[J].新闻战线,2017.

袁侃.深圳广电打造新型主流媒体的思考[J].传媒,2018.

袁侃,任洪涛.从山东"问题疫苗"事件看媒体与受众共建议程设置及反思[J].东南传播,2016.

袁侃.媒体框架与受众框架的比较分析——以魏则西事件的电视报道为例[J].今传媒,2016.

袁侃.重大突发事件的舆情应对策略——以"12·20"滑坡事件深圳卫视报道为例[J].中国记者,2016.

袁侃.如何深化广电传媒业改革发展——以深圳广电集团为例[J].传媒,2016.

袁侃.电视法治公共领域建构与演变[J].今传媒,2018.

后　记

在经历了观看长达一年左右时间的电视法制节目，经历了无数次不同形式的同行调查走访，经历了一年多时间的奋笔疾书之后，这篇《中国电视法治公共领域的建构与演变》最终成稿。正式搁笔之际，怀想起无数个日日夜夜观摩节目的耗时费力、无数次风餐露宿的调研奔波、无数次头涨肩疼的写作坚持，我的内心充满了感慨。我真心体会到学术的不易，也对无数学术人，特别是新闻与传播学的学术工作者们平添了更多由衷的敬意。正是大家的辛苦与努力，才使得我国新闻与传播理论研究得到了长足的发展。

这篇论文的正式成稿，首先要感谢我的导师石义彬教授。从论文的选题，到整体的框架结构，再到具体的研究视角、方法与写作思路，石义彬教授无不给予了悉心的指导。石义彬教授宽广的学术视野、扎实的学术功底、严谨的学术态度，不仅使我在学术水平上得到了极大的提升，即便是对人生态度，也有了更加深刻的认识。不仅如此，在整个读博期间，我也得到了来自石义彬教授在生活和工作上的关心和关怀，让我受益匪浅、感激之至。

我也要感谢给予我这篇论文以指导的诸位教授，特别是我的同门闫岩副教授及吴世文副教授，是你们的宝贵意见和建议，让我认识到自身思考的不足，从而找准了改进的方向。

我还要感谢武汉大学新闻与传播学院的全体老师，是你们精彩的授课、广博的学识，让我不断丰富了自身的新闻与传播理论知识，使我的学术功底得到了明显的巩固。

后 记

  我还要感谢我所念兹在兹的、有着125年悠久历史的武汉大学，是您的"自强、弘毅、求是、创新"的深厚学术底蕴与精神品格，让我浸润其中、汲取营养、行稳致远。

  最后，我要感谢我的妻子父母，是你们主动承担起了更多照顾家庭的责任，让我在繁忙工作之余，能够全力投入博士的攻读和毕业论文的写作之中，你们辛苦了！

  满满的感谢，道不尽内心的真诚。在这里，我衷心祝愿大家身体健康、幸福满满。

  此敬！

袁　侃

2018年9月于深圳